刘　泓　陈建樾　龚永辉　主编

民族理论研究
ETHNIC AND NATIONAL STUDY

（第四辑）

社会科学文献出版社
SOCIAL SCIENCES ACADEMIC PRESS (CHINA)

CONTENTS 目录

学术史与研究动态

马克思主义民族理论
与中国化研究

西藏高校马克思主义民族观教育的
历史考察与经验思考[*]

胡美娟^{**}

摘　要： 马克思主义民族观是马克思主义理论体系的重要组成部分，马克思主义民族观教育是马克思主义大众化的主要内容。西藏高校开展马克思主义民族观教育具有重要性和紧迫性，是新时代国家战略需要。通过考察其实践历程，发现西藏高校马克思主义民族观教育与全国其他地区高校一样经历了初创、形成、快速发展与创新发展时期。实践证明，高校思想政治理论课只有不断进行探索与创新，才能更好地发挥其立德树人的作用。

关键词： 西藏高校　马克思主义民族观　历史考察　经验思考

中国是统一的多民族国家，在漫长的历史进程中，形成了多元一体的中华民族格局，发展了平等团结互助和谐的民族关系。党的十八大以来，以习近平同志为核心的党中央高度重视我国民族工作。2014 年中央民族工作会议提出："民族团结是各民族人民的生命线。"① 2015 年中央第六次西藏工作座谈会提出："西藏工作的着眼点和着力点必须放到维护祖国统一、加强民族团结上来。"② 2017 年党的十九大报告提出要深化民族团结进步教

---

*　本文系西藏自治区高校人文社会科学研究项目"习近平新时代民族工作思想研究"（SK2017 - 18）阶段性成果，受西藏自治区高校思想政治理论课"名师工作室"专项资助（GZS201706）。

**　胡美娟，1977 年生，陕西宝鸡人，法学博士，西藏民族大学马克思主义学院讲师，主要从事马克思主义民族理论与政策方面的教学与研究。

① 国家民族事务委员会编《中央民族工作会议精神学习辅导读本》，民族出版社，2015，第 93 页。

② 人民日报评论员：《切实把握西藏工作的着眼点和着力点——二论学习习近平总书记在中央第六次西藏工作座谈会讲话精神》，《人民日报》2015 年 8 月 28 日第 1 版。

育，"引导人们树立正确的历史观、民族观、国家观、文化观"。① 2019 年 9 月，在全国民族团结进步表彰大会上，习近平总书记指出："牢固树立正确的祖国观、民族观、文化观、历史观，对构筑各民族共有精神家园、铸牢中华民族共同体意识至关重要。"② 2019 年 10 月，在中国共产党第十九届中央委员会第四次全体会议上，习近平总书记继续强调："要坚持不懈开展马克思主义祖国观、民族观、文化观、历史观宣传教育，打牢中华民族共同体思想基础。"③ 可见，党和国家对我国民族工作高度重视。马克思主义民族观教育是正确处理民族问题、实现民族团结的重要途径，也是中国共产党思想政治工作的重要组成部分，加强高校马克思主义民族观教育则肩负促进中华民族大团结、实现中华民族伟大复兴中国梦的重任，意义深远。

一 西藏高校马克思主义民族观教育的重要意义

西藏位于我国西南边陲，是国家的重要安全屏障，做好西藏民族工作关系国家安全与西藏长治久安。因此西藏高校开展马克思主义民族观教育很具重要性和紧迫性，既是时代的需要也是现实的需求，要深入研究，努力探索。

（一） 西藏高校马克思主义民族观教育的重要性和紧迫性

民族观是人们对民族和民族问题的基本看法和观点，可以渗透到人生观、价值观、道德观与法治观之中，是世界观与政治观的组成部分，是民族精神教育的基础。大学生作为一个特殊的社会群体，树立什么样的民族观，对维护社会稳定和民族团结，对建设中国特色社会主义事业意义重大。西藏大学生是维护祖国统一和西藏长治久安的接班人和建设者，加强马克思主义民族观教育是提高西藏大学生思想政治素质的有效途径，也是西藏

---

① 习近平：《决胜全面建成小康社会 夺取新时代中国特色社会主义伟大胜利——在中国共产党第十九次全国代表大会上的报告》，人民出版社，2017，第 43 页。
② 《习近平在全国民族团结进步表彰大会上的讲话》，《光明日报》2019 年 9 月 28 日第 2 版。
③ 《中共中央关于坚持和完善中国特色社会主义制度 推进国家治理体系和治理能力现代化若干重大问题的决定》，新华网，http://www.xinhuanet.com/2019 – 11/05/c_1125195786.htm，2019 年 11 月 5 日。

大学生成长成才的现实需要。马克思主义民族观教育对引导西藏大学生坚定中国特色社会主义理想信念，自觉践行社会主义核心价值观，不断提高综合素质，成为建设社会主义新西藏"靠得住、用得上、留得下"的高素质应用型人才，具有重要意义。

加强西藏高校马克思主义民族观教育同时也具有紧迫性。大学生受心理年龄、家庭环境及社会风尚等因素影响，他们的价值观尚未塑造成形，知识体系尚未完成建构，情感心理尚不成熟，处于人生的"拔节孕穗期"，需要精心引导和栽培。西藏大学生民族理论、民族常识、民族风俗习惯以及宗教信仰等方面的知识普遍欠缺，很容易误解与误读其他民族，影响民族团结，亟待通过马克思主义民族观教育，掌握党的民族理论和政策，正确认识中华民族多元一体格局，铸牢中华民族共同体意识，加强各族师生的交往交流交融，共建和谐相处、和衷共济、和谐发展的民族关系。

（二）加强马克思主义民族观教育是新时代国家战略需要

冷战结束后，世界经济政治多极化的趋势不断发展，霸权主义与强权政治依然存在，地区冲突与民族矛盾不断上升，极端势力、分裂势力与恐怖主义相互交织，一些西方国家借"宗教问题""民族问题""人权问题"干涉别国内政，制造民族分裂。近些年在西方反华势力支持下，境内外的民族分裂分子活动频繁，拉萨"3·14"事件、新疆"7·5"事件等影响很大，凸显我国民族问题的重要性与复杂性。大学生是国家现代化建设的主力军，大学生的国家意识与民族认同关系着民族团结，也影响着国家的主权安全和领土完整。在新时代国家意识形态工作需要的大背景下，西藏高校更需要加强马克思主义民族观教育，将马克思主义民族观教育与西藏经济社会发展以及反分裂反渗透斗争紧密结合，培养学生深厚的爱国情感和强烈的中华民族自豪感，增强"五个认同"，坚定不移地维护祖国统一、维护民族团结、反对民族分裂。

二　西藏高校马克思主义民族观教育实践的历史考察

我国马克思主义民族观教育发端于中国共产党领导的新民主主义革命实践，高校马克思主义民族观教育可追溯到抗日战争时期的延安民族学院。

延安民族学院是中国共产党建立的第一所培养民族干部的学校，源于陕北公学的民族部。陕北公学解散后，在民族部基础上成立民族学院，乌兰夫为教育长，学员有汉、蒙、满、回、藏、苗、彝等民族，如藏族的天宝、扎喜旺须等。当时开设的学习课程有："党的建设、中国现代革命运动史、中国社会发展史、有关抗战的理论和语文、历史、地理等文化课，同时也学习研究党的民族政策和蒙、回两族的历史。"[①] 新中国成立初期，党中央陆续在兰州、北京、成都、武汉、咸阳等地建立了一批民族学院，开设民族理论课程。目前我国已有 31 所民族院校，民族理论与民族政策课作为民族院校思想政治理论必修课，使得马克思主义民族观教育有了广泛传播。

西藏自治区陆续建有西藏民族大学、西藏大学、西藏藏医药大学、西藏农牧学院、西藏职业技术学院、拉萨师范高等专科学校与西藏警官高等专科学校 7 所高校。作为边疆民族地区院校，这 7 所高校开展马克思主义民族观教育意识较强，有了一定的研究成果。研究西藏高校马克思主义民族观教育需要以其发展的历史经验为借鉴，以面临的问题为导向进行思考和探索，才能切合实际，有效解决西藏高校思想政治理论课教学面临的普遍性和特殊性困境。

（一）初步宣传民族平等团结思想时期

西藏地区在和平解放前已开始了马克思主义民族观的传播，主要通过四川和西藏早期共产主义组织以及红军长征时期进行思想宣传。"我国早期马克思主义者一开始就关注西藏问题，并把西藏革命问题作为马克思主义者认识中国革命总问题的一部分。"[②] 红军长征经过川康藏区时，针对当地民族习俗和宗教信仰状况，初步制定了民族平等和民族团结的政策和纲领。1935 年第 2 期《前进报》刊登的《中国共产党中央委员会告康藏西番民众书——进行西藏民族革命运动的斗争纲领》明确宣告，"中国共产党的民族政策是主张解放被压迫民族"。[③] 1936 年，红四方面军支持藏族人民建立中华苏维埃中央"博巴"自治政府，"博巴"自治政府虽与现行民族区域自治

---

① 高文德主编《中国少数民族史大辞典》，吉林教育出版社，1995，第 820 页。
② 崔海亮：《西藏马克思主义大众化研究》，中山大学出版社，2016，第 58 页。
③ 徐万发、钟金慧：《红军长征与马克思主义在藏区的传播》，《西藏民族学院学报》（哲学社会科学版）2000 年第 2 期。

不完全相同，但体现了中国共产党早期民族平等思想及少数民族当家做主管理自己内部事务的政治主张。

（二）慎重稳定推进民族平等团结思想时期

西藏和平解放时期，民族工作方面采取慎重稳定方针，主要是开展上层统战工作，培养少数民族干部。西藏和平解放前夕，为提高干部的理论素质和处理民族问题的能力，中央民族事务委员会在北京开办藏族班，西北军区也开办了藏民训练班，为进军西藏做好准备工作。1950 年 4 月 27 日，周恩来总理会见中央民族事务委员会举办的藏族训练班学员[①]，并向他们讲授马克思主义理论和党的民族政策。这一时期，爱国统战组织也通过学校董事会、爱国青年组织、妇女联谊会等形式宣传党的民族、宗教政策，消除民族隔阂，加强同西藏爱国上层人士的团结。西藏和平解放后，中央继续培养西藏干部。1952 年 1 月，西藏军区藏文藏语训练班正式开学，训练班后来改为西藏军区干部学校，以后又改为西藏干部学校。1952 年 10 月，中央给西藏工委的《中共中央关于必须极端谨慎对待宗教问题等的四点指示》中提出："办小学和训练藏族干部，也必须采取慎重稳进的方针，必须依据自愿原则并在取得上层同意的条件下进行，并要尽量采用由适当上层人物出面办理的形式。"[②] 1952 年 12 月，中共中央同意西藏工委开办短期和长期学校以培养藏族干部，培养对象以僧俗爱国知识分子和有影响的中上层人物为主，通过接受马克思主义民族理论政策及爱国主义教育，他们成为日后西藏民主改革和社会主义改造的骨干。

1958 年，西藏第一所高校西藏公学在陕西咸阳成立，西藏团校在宝鸡虢镇成立，团校的教材由公学编写供应，不久团校迁入咸阳校址。西藏公学从建校初期开始，除了文化学习，还对学生进行阶级教育、民族观、宗教观和爱国主义等专题教育。西藏工委对西藏公学的办学方针随着认识的变化有一个调整，1957 年 10 月的办学方针为："学制暂定五年，前三年以学文化为主，政治教育为辅，后两年加强政治课比重。政治教育方针应着

---

① 中共西藏自治区委员会党史研究室：《中国共产党西藏历史大事记（1949 - 2004）》第 1 卷，中共党史出版社，2005，第 16 页。

② 中共中央文献研究室：《中共西藏自治区委员会编·西藏工作文献选编》，中央文献出版社，2005，第 90 页。

重进行阶级教育和马克思列宁主义民族观的教育，树立学生的共产主义世界观和人生观。"① 1958 年 10 月，西藏工委批准了西藏公学党委上报的《关于学校教育方针的补充和修改意见》，重新修改的教育方针强调要进行"思政教育、阶级教育、肃清地方民族主义的教育以及破除迷信，进而进行共产主义人生观、民族观、道德观和政策教育"②。这一方针在以后西藏公学、西藏民族大学的办学过程中得到贯彻执行，持续不断为维护西藏经济社会稳定发展与民族团结培养人才。除了西藏公学，其他高校在建校后的思想政治教育中也融入民族宗教常识、民族历史与文化、社会主义教育等相关知识，是西藏高校马克思主义民族观教育内容的雏形。

（三）改革开放以来快速发展时期

改革开放以来，在中央政策的扶持下，西藏高校马克思主义民族观教育进入快速发展时期。1980 年以来的六次中央西藏工作座谈会都强调了西藏民族宗教工作的重要性。1980 年和 1984 年的《西藏工作座谈会纪要》强调要对各族群众和干部进行党的民族政策教育。"要经常不断地开展马克思主义民族观教育、党的民族政策和民族团结的教育。"③ 对此，西藏自治区召开学校党建工作专门会议，加强爱国主义和社会主义教育，以及民族、宗教与历史等教育，使西藏自治区各级各类学校成为培养社会主义建设者和接班人的坚强阵地。1994 年 7 月，第三次西藏工作座谈会再次强调："要牢固树立马克思主义民族观，自觉抵制狭隘民族主义的影响。"④ 8 月，《中共中央、国务院关于加快西藏发展、维护社会稳定的意见》中提出："要继续重视培养大批具有马克思主义民族观、宗教观、坚定地维护祖国统一和民族团结，具有革命事业心和较强业务能力的藏族和其他少数民族干部。"⑤当年 11 月，西藏自治区教委发出《关于进一步加强和改进学校德育工作的

---

① 崔海亮：《西藏马克思主义大众化研究》，中山大学出版社，2016，第 81 页。
② 崔海亮：《西藏马克思主义大众化研究》，中山大学出版社，2016，第 82 页。
③ 中共中央文献研究室：《中共西藏自治区委员会编·西藏工作文献选编》，中央文献出版社，2005，第 424 页。
④ 中共中央文献研究室：《中共西藏自治区委员会编·西藏工作文献选编》，中央文献出版社，2005，第 462 页。
⑤ 中共中央文献研究室：《中共西藏自治区委员会编·西藏工作文献选编》，中央文献出版社，2005，第 488 页。

意见》，做出关于在西藏高校开设民族宗教理论与政策课的决定，并将此作为"两课"的重要内容之一。1996 年起，自治区党委开始对干部队伍进行"马克思主义祖国观民族观宗教观文化观"教育，形成具有西藏特色的"三讲"教育。1998～2005 年，胡锦涛同志分别在九届全国人大一次、四次会议西藏代表团讨论以及第五次中央民族工作会议上提到马克思主义民族观教育的重要性，尤其强调了对青少年进行马克思主义民族观教育。

在中央精神及自治区工作要求指引下，西藏高校从 20 世纪 80 年代初开始，陆续开设了"民族理论课""西藏革命史""民族宗教理论与政策""西藏地方与中央政府关系史""藏族简史"① 等涵盖马克思主义民族观教育内容的系列课程。90 年代后，由西藏教委牵头编写了《西藏地方与中央政府关系史》《爱国主义教育概论》《西藏社会主义建设》《宗教与社会》《民族理论教程》② 等"两课"区编补充教材。21 世纪初，在国家政策的大力倡导下，相关著作开始问世。2000 年，帕巴次成、沈开云主编《马克思主义祖国观、民族观、宗教观、文化观教育通俗读本》，2002 年西藏民族学院杨维周教授主编《马克思主义祖国观民族观宗教观文化观教育讲座》，2004 年徐平、包智明编著《马克思主义"四观""两论"通俗读本》，2009 年牛治富主编《西藏"四观两论"干部读本》，2012 年周松青主编《马克思主义祖国观民族观宗教观文化观概论》，这些著作为西藏高校马克思主义民族观教育提供教学资料支持，拓展和丰富了马克思主义民族观教育实践内容。2004 年，西藏自治区教工委和区教育厅组织编写的《马克思主义祖国观民族观宗教观文化观教育概论》教材正式出版，并在全区高校统一使用，标志着马克思主义"四观"教育进入独立课程化阶段，马克思主义民族观教育成为西藏高校思想政治理论教育特色课程的重要内容，得到广泛传播。总之，从课程开设和教材编写等情况来看，西藏高校马克思主义民族观教育不断探索适合西藏区情的课程设置，逐步与民族地区的特殊性相结合，更多融入了地方性知识，避免了其他地区高校民族理论与政策教育理论性过强的问题，增强了西藏高校思想政治理论课的生动性与吸引力。

---

① 吴颖、王毅：《试论西藏高校马克思主义"四观"教育的历史沿革及其经验》，《西藏民族学院学报》（哲学社会科学版）2014 年第 6 期。

② 罗桑才旺：《西藏高校马克思主义"四观"教育概况、问题及对策研究》，西南师范大学政法学院硕士学位论文，2005，第 14 页。

（四）新时代创新发展时期

党的十八大以来，以习近平同志为核心的党中央对我国民族工作提出一系列富有创新精神和时代特征的观点和论述，是中国化马克思主义民族观的创新成果。2014 年 5 月，习近平总书记在第二次中央新疆工作座谈会上强调："要在各族群众中牢固树立正确的祖国观、民族观，弘扬社会主义核心价值体系和社会主义核心价值观，增强各族群众对伟大祖国的认同、对中华民族的认同、对中华文化的认同、对中国特色社会主义道路的认同。"① 这体现了新时代党中央对马克思主义民族观教育的重视。在当年 9 月召开的中央民族工作会议上习近平总书记提出："创新载体和方式，引导各族群众牢固树立正确的祖国观、历史观、民族观。"② 同时他强调青少年时期是民族观形成的关键期，要把爱我中华的种子埋在每一个孩子的心中。2017 年党的十九大报告中强调要深化民族团结进步教育，"引导人们树立正确的历史观、民族观、国家观和文化观"。③ 由此可见，新时代马克思主义民族观教育不仅关系我国民族团结进步事业的发展，也关系中华民族伟大复兴中国梦的实现，是新时代国家战略需要。

新时代党中央继承和发展了我党历来高度重视西藏工作的优良传统。2013 年 3 月，习近平总书记在参加十二届全国人大一次会议西藏代表团审议时，提出了"治国必治边，治边先稳藏"④ 的战略思想，体现了党中央对西藏工作内在规律的新把握，对西藏工作面临形势的新认识，是党中央治藏方略的创造性发展。2015 年中央第六次西藏工作座谈会提出，西藏工作的一个重要方面就是要全面正确贯彻党的民族政策和宗教政策。2018 年 10 月 15 日，习近平总书记在致西藏民族大学建校 60 周年贺信中提道："贯彻党的民族政策和宗教政策，加强民族团结进步教育，传承中华优秀传统文

---

① 《习近平在第二次中央新疆工作座谈会上发表重要讲话》，新华网，http://www. xinhua-net. com/photo/2014－05/29/c_126564529. htm，2014 年 5 月 29 日。

② 《中央民族工作会议暨国务院第六次全国民族团结进步表彰大会在北京举行》，《人民日报》2014 年 9 月 30 日第 1 版。

③ 习近平：《决胜全面建成小康社会　夺取新时代中国特色社会主义伟大胜利——在中国共产党第十九次全国代表大会上的报告》，人民出版社，2017，第 43 页。

④ 朱晓明、张云、周源、王小斌主编《西藏通史·当代卷》，中国藏学出版社，2015，第581 页。

化，自觉维护民族团结。"① 西藏自治区党委坚决贯彻党中央的战略决策和工作要求，高度重视西藏民族宗教工作，区党委书记吴英杰同志在中共西藏自治区党委第九次党代会、区党委九届三次全会以及在西藏大学宣讲党的十九大精神等会议上多次提出要加强马克思主义民族观教育，在"八个坚持"的贯彻落实中增强"四个意识"和"四个自信"，做好新时代西藏民族工作。

党的十八大以来，在全国高校思想政治工作会议、全国教育大会以及学校思想政治理论课教师座谈会等重要会议精神指引下，西藏高校马克思主义民族观教育的模式探索与创新更有力度和深度。西藏自治区思想政治理论课特色课程教材《马克思主义"四观"教育概论》经过多次修订与完善，于 2019 年春季学期更名为《马克思主义"五观"教育概论》，其创新性体现在对马克思主义民族观内涵的丰富和发展。第一，深化民族团结进步教育，这是新时代民族工作的主要举措。西藏工作的着眼点和着力点必须放到维护祖国统一、加强民族团结上来。第二，铸牢中华民族共同体意识，这是新时代民族工作的重要目标。让社会主义核心价值观引领各民族共有精神家园的发展方向，为培育中华民族共同体意识提供精神动力。第三，加强各民族交往交流交融是新时代民族工作的重要路径。西藏高校是多民族生源聚集之地，更需要加强"三交"理念教育，使各民族和谐相处、和衷共济、和谐发展。第四，坚持我国宗教的中国化方向，积极引导宗教与社会主义社会相适应。苯教、藏传佛教、天主教以及伊斯兰教等宗教在西藏地区多元并存，反分裂斗争存在长期性、尖锐性和复杂性，因此西藏高校及时有效做好宣传教育工作紧迫且重要。

三 西藏高校马克思主义民族观教育的经验与思考

西藏高校马克思主义民族观教育经历了初步宣传、萌芽形成到快速发展以及创新发展时期，结合西藏地区特殊区情，不断摸索，与时俱进。历史发展的实践证明，只有不断进行模式创新，才能更好发挥西藏高校思想

---

① 《习近平总书记致西藏民族大学建校 60 周年贺信》，西藏民族大学官网，http://www. xzmu. edu. cn/getcontent? id=52508&url=show，2018 年 10 月 17 日。

政治理论课立德树人的积极作用。

（一）新时代西藏高校马克思主义民族观教育的现状与经验

一是在课程建设方面积极进取。西藏各高校建校初期的思想政治理论课教学中都融入民族宗教常识、民族历史与文化等马克思主义民族观教育内容。改革开放后陆续开设"民族理论与政策""西藏简史"等相关课程。2004 年，《马克思主义祖国观民族观宗教观文化观》教材正式出版，西藏各高校普遍开设马克思主义"四观"教育课程，标志着该课程进入独立化课程阶段。该课程是西藏高校对大学生进行马克思主义教育、爱国主义教育和民族团结教育的重要载体和有效途径，是具有中国特色、西藏特点的思想政治理论教育实践。课程开设后教育效果良好，为及时响应、贯彻落实中央最新精神和区党委要求，教材修编小组成立，结合前期教学经验，于2010 年、2013 年及 2015 年对教材进行了修订与完善。2017 年党的十九大召开之后，教材修编小组于 2018 年再一次修订教材，在继承、丰富和发展原有"四观"内容的基础上增加了"马克思主义历史观"，于 2019 年春季学期在西藏高校统一试用，课程即更名为"马克思主义'五观'教育"。该课程在西藏自治区开设以来，一直致力于课程建设方面的探索与创新，从事一线教学的教师集体编写教学设计、教学案例集等教学资料，相关专家学者也发表研究论文，关注教育教学的改进及课程实效性的提高。西藏大学承担的该课程先后获得校级精品课程、西藏自治区精品课程、国家级精品课程。总之，本课程教学水平不断提升，教学队伍不断壮大，教学成效整体良好。

二是教育途径渐趋多元。西藏高校努力将马克思主义民族观教育向其他学科渗透，探索教育途径多元化。西藏高校四门思政课教师在教学实践中积极引入民族宗教等知识，其他公共基础课与专业课教师也在教学中主动融入马克思主义民族观教育。例如大学语文教材的编写充分体现了民族特色和西藏特点，与普通高校语文教材相比，西藏的语文教材添加了更多民族知识、民族文学尤其是西藏文史知识。此外，西藏高校依托"民族团结宣传月"活动，以及民族节日庆典等，开展民族团结进步宣传教育。民族地区开发、合作、强基惠民驻村扶贫等活动也成为马克思主义民族观教育的有效途径。2011 年 10 月西藏自治区党委决定在全区开展"创先争优、强基础、惠民生"① 活动，西藏各高校也参与其中，选派教师工作队进行驻村工作，与当地群众同吃、同住、同学习、同劳动。驻村工作队承担建强基层组织、维护社会稳定、寻找致富门路、进行感恩教育、办实事解难事五项任务，力图形成推动科学发展、促进民族团结、维护社会稳定、保障改善民生的强大合力。"强基惠民"活动为西藏高校马克思主义民族观教育提供了良好机遇，有利于理论的实际更好地结合。

（二）探索新时代西藏高校马克思主义民族观教育模式创新

西藏高校马克思主义民族观教育自开展以来，一直致力于课程建设推进，不断壮大教师队伍，拓展多元的教育途径。中国特色社会主义进入新时代，对思想政治理论课提出了新要求，本文从教学理念、教学内容、教学方法、教学手段以及教学评价机制等方面入手，探索模式创新，以期提高西藏马克思主义民族观教育的实效性。

一是树立正确的教学理念。具体落实习近平总书记在致西藏民族大学建校 60 周年贺信中提出的立德树人根本任务，使西藏高校大学生牢固树立西藏自古以来就是祖国不可分割的一部分的价值观，牢固树立"两个维护"、"三个离不开"、"四个意识"、"四个自信"和"五个认同"的意识，不断增强他们坚定维护祖国统一、反对民族分裂的责任感和使命感，争做神圣国土守护者、幸福家园建设者。

二是系统性地研究教学内容。以西藏经济社会的发展和反分裂斗争的需要为出发点，充实马克思主义民族观的教学内容，通过重塑教学内容，转换表达方式，集体编写马克思主义民族观教育的标准教案大纲、汇集教学案例素材、制作多媒体课件、完善课程考核机制，并依此进行教学实践，使学生将社会主义核心价值观内化于心、外化于行。

三是改革教育教学方法。重点是发挥好课堂教学这个主渠道的作用，在坚持主导性与主体性相统一、灌输性与启发性相统一原则的基础上，充分利用"互联网＋思政"新理念，引入网络新媒体教学平台，配合参与式、启发式教学方法，关照学生、围绕学生、服务学生，增强思想政治理论课

---

① 曹水群：《依托"强基惠民"活动推进西藏马克思主义大众化》，《西藏大学学报》2012 年第 2 期。

的亲和力和针对性、时代感和吸引力，不断提高西藏大学生的政治觉悟、道德品质与文化素养，使学生成为德才兼备、全面发展的人才。

四是更新教学手段。基于西藏地区民族文化多样和反分裂斗争的特殊区情，积极拓展马克思主义民族观"两个转化"创新模式，实现教材体系向教学体系的转化，教学体系向学生认知体系和信仰体系的转化，增强西藏大学生对国家的认同感和归属感。构建课堂—课外—社会三层次实践教学体系，以提高学生学习的积极性和主动性，培育维护国家安全和西藏长治久安的合格建设者和可靠接班人。

五是完善教学评价机制。按照《新时代高校思想政治理论课教学工作基本要求》和《普通高校思想政治理论课建设体系创新计划》的要求，探索完善西藏高校马克思主义民族观教学评价体系，将过程评价与结果评价有机结合，注重对学生树立正确的马克思主义民族观思想政治素质的评价，注重对他们维护祖国统一、反对民族分裂的责任感和使命感的评价，注重对他们理性对待宗教方面的评价。

中华民族共同体研究

新中国成立之初中华民族共同体凝聚历程

周竞红[*]

摘　要： 新中国成立之初政治经济社会新秩序的建设，全面执行中国共产党的民族政策，推动平等团结互助和谐的新型民族关系建构，为中华民族共同体凝聚准备了全新的政治、社会和制度条件，回顾这一历史过程，有助于深刻认识中华民族大团结的现实意义，并进一步推进中华民族共同体的深化发展。

关键词： 新中国　中华民族共同体　凝聚　历程

1949 年 10 月 1 日下午，在天安门城楼上，毛泽东主席向全世界庄严宣布："中华人民共和国中央人民政府今天成立了！"鲜艳的五星红旗迎风飘扬，标志着中国划时代巨变的新开端。中国社会从此终结半殖民地半封建时代，新民主主义革命取得基本胜利，各民族人民迈入民族平等团结新时代。此后，中国共产党在国内民族问题方面的任务转变为："巩固祖国的统一和各民族的团结，共同来建设伟大祖国的大家庭；在统一的祖国大家庭内，保障各民族在一切权利方面的平等，实行民族区域自治，在祖国的共同事业的发展中，与祖国的建设密切配合起来，逐步地发展各民族的政治、经济、文化（其中包含稳步的和必要的社会改革在内），消灭历史上遗留下来的各民族间事实上的不平等，使落后的民族得以跻身于先进民族的行列，过渡到社会主义社会。"[①] 中华民族共同体凝聚获得全新的政治基础和制度

---

* 周竞红，中国社会科学院民族学与人类学研究所研究员。

① 《关于过去几年内党在少数民族中进行工作的主要经验总结》，《建国以来重要文献选编》第 5 册，中央文献出版社，2011，第 560 页。

环境。

"我们党一成立，就展开了中国革命的新阶段——毛泽东同志所指出的新民主主义革命的阶段。在为实现新民主主义而进行的二十四年（一九二一年至一九四五年）的奋斗中，在第一次大革命、土地革命和抗日战争的三个历史时期中，我们党始终一贯地领导了广大的中国人民，向中国人民的敌人——帝国主义和封建主义，进行了艰苦卓绝的革命斗争，取得了伟大的成绩和丰富的经验。"[①] 这些伟大成绩和经验为"把落后的中国建设成为一个独立、民主、统一和富强的新中国"[②] 创造了条件，新中国的诞生则开辟了国家统一、民族团结新时代，也创设了中华民族新凝聚的制度。

一 《共同纲领》：中华民族共同体发展新纪元

中国人民政治协商会议是人民民主统一战线的组织形式，1949 年 9 月 21~30 日，中国人民政治协商会议成功举行，标志着这一组织形式在新中国政治生活中开始发挥作用。中国人民政治协商会议"标志着我们中国的历史从此完全进入到人民民主和民族平等的时期，我们各少数民族代表参加了这次会议，真正平等的和与会的其他代表先生们共同商讨建设新中国的大政方针……"；"反对大民族主义和狭隘民族主义，禁止民族间歧视、压迫和分裂各民族团结的行为"。[③] 当年，参加会议的有 45 个单位和一个特邀单位的代表[④]、候补代表和特邀人士共 662 人，少数民族代表与各界代表齐聚北京共商国是，新中国协商民主政治迈向新阶段。在会议筹备期间，参加会议代表协商范围具有广泛性，按照新政协的章程有关原则，除反动分子外，各方面、各地区都能参加会议。当年 8 月协商时，很多民族地区还未解放，少数民族的代表的广泛性难以保障，最初设想只有 28 位代表能够

---

① 《关于若干历史问题的决议》（1945 年 4 月 20 日中国共产党第六届中央委员会扩大的第七次全体会议通过），李忠杰、李明华主编《中国共产党第七次代表大会档案文献选编》，中央文献出版社，2015，第 101 页。

② 《刘少奇在一届政协全体会议上的讲话》（1949 年 9 月 21 日），《五星红旗从这里升起》，文史资料出版社，1984，第 310 页。

③ 《少数民族首席代表刘格平在一届政协全体会议上的发言》，《五星红旗从这里升起》，文史资料出版社，1984，第 460 页。

④ 代表了各民主党派、各人民团体、各界爱国人士、各地区、各少数民族和爱国华侨。

参加会议①，从参会代表名单来看，实际参会的少数民族代表已有 32 位②，其中属于少数民族界别的会议代表有 12 人（正式代表 10 人，候补代表 2 人）。此外，还有 20 位少数民族代表分散于其他界别和单位。"在中国历史上，这是第一次有这样一个广大代表性的民族集会，形成一个真正的统一战线"③，"充分表现会议的民主精神，同时也象征着全国人民的空前团结"④。

1949 年，中国人民政治协商会议一致通过《中国人民政治协商会议共同纲领》，这是"一部人民革命建国纲领"和"全国人民的大宪章"，包括了"共产党的全部最低纲领"。⑤ 确立新中国单一制国家结构及建构平等、团结、互助新型民族关系的目标和政策。为实现各民族平等地位和权利，《共同纲领》规定各民族有平等的权利和义务，因此，建构新型民族关系法定原则包括："第五十条，中华人民共和国境内各民族一律平等，实行团结互助，反对帝国主义和各民族内部的人民公敌，使中华人民共和国成为各民族友爱合作的大家庭。反对大民族主义和狭隘民族主义，禁止民族间的歧视、压迫和分裂各民族团结的行为。第五十一条，各少数民族聚居的地区，应实行民族的区域自治，按照民族聚居的人口多少和区域大小，分别建立各种民族自治机关。凡各民族杂居的地方及民族自治区内，各民族在当地政权机关中均应有相当名额的代表。第五十二条，中华人民共和国境内各少数民族，均有按照统一的国家军事制度，参加人民解放军及组织地方人民公安部队的权利。第五十三条，各少数民族均有发展其语言文字、保持或改革其风俗习惯及宗教信仰的自由。人民政府应帮助少数民族的人民大众发展其政治、经济、文化、教育的建设事业。"⑥ "……我们的共同纲领，宣告了一个独立、民主、和平、统一和富强的中华人民共和国的成立；而且也确立了新中国内部各民族的地位和民族关系，是建立在各民族完全

---

① 李维汉：《新政协代表名单协商经过情形》，《五星红旗从这里升起》，文史资料出版社，1984，第 290 页。

② 有说 33 人。

③ 《特邀代表宋庆龄在一届政协全体会议上的讲话》（1949 年 9 月 21 日），《五星红旗从这里升起》，文史资料出版社，1984，第 315 页。

④ 《特邀代表张治中在一届政协全体会议上的讲话》（1949 年 9 月 21 日），《五星红旗从这里升起》，文史资料出版社，1984，第 339 页。

⑤ 《刘少奇在一届政协全体会议上的讲话》（1949 年 9 月 21 日），《五星红旗从这里升起》，文史资料出版社，1984，第 312 页。

⑥ 中央档案馆编《中共中央文件选集》（18），中共中央党校出版社，1992，第 594～595 页。

平等，团结互助，共同发展的基础之上，真正成为各民族友爱合作的大家庭。"① 由此，中华民族在社会制度上将日益被形塑为平等、团结、友爱、合作的共同体。

各级人民政府设置民族事务管理机构有效管理民族事务。1952 年 2 月，政务院根据中央人民政府授权制定《各级人民政府民族事务委员会试行组织通则》②，详细规定了中央及地方民族事务委员会的性质、主要职能、组织构成、人员构成以及各级人民政府民族事务委员会的会期和工作制度等。中央人民政府民族事务委员会共有 10 项职责，组成原则上国内各少数民族均有 1 名委员，人口多的民族委员数相应增加，此项组织通则为确保民族区域自治制度各民族政策的顺利实施提供组织保障。政务院 1952 年颁布《中央人民政府政务院关于保障一切散居的少数民族成份享有民族平等权利的决定》，此决定主要用于规范散居各民族权益保障和民族平等实践。

二 政治新秩序：推动中华民族共同体新建构

新中国政治秩序的建构以中国人民政治协商会议确立的原则，即建立单一制统一的多民族国家，实行保障各民族平等权利的区域自治制度为依据。政治新秩序也推动着中华民族共同体新的建构进程。1949 年 10 月 5 日，从中华各民族的友爱合作和互助团结的角度，中央给二野前委、各中央局、分局及前委发出指示："……关于党的民族政策的申述，应根据人民政协共同纲领中的民族政策规定。又关于各少数民族的'自决权'问题，今天不应再去强调"，这是因为"我党领导的新中国业经诞生，为了完成我们国家的统一大业，为了反对帝国主义及其走狗分裂中国民族团结的阴谋，在国内民族问题上，就不应强调这一口号，以免为帝国主义及国内各少数民族的反动分子所利用"。③ 不强调"民族自决权"，而是在各民族友爱合作的大家庭中切实保障各民族权益，成为新中国成立之初中华民族共同体建

---

① 乌兰夫：《内蒙古自治区首席代表乌兰夫在一届政协全体会议上的发言》，《五星红旗从这里升起》，文史资料出版社，1984，第 418 页。

② 1952 年 8 月 9 日发布执行，共 11 条。

③ 《中共中央关于少数民族"自决权"问题给二野前委的指示》，《建国以来重要文献选编》（第 1 册），中央文献出版社，2011，第 20 页。

构的重要面向。"在一切工作中坚持民族平等和民族团结政策外，各级政权
机关均应按各民族人口多少，分配名额，大量吸收回族及其他少数民族能
够和我们合作的人参加政府工作。……在这种合作中大批培养少数民族干
部。此外，青海、甘肃、新疆、宁夏、陕西各省省委及一切有少数民族存
在的地方的地委，都应开办少数民族干部训练班，或干部训练学校。请你
们注意这一点，要彻底解决民族问题，完全孤立民族反动派，没有大批从
少数民族出身的共产主义干部，是不可能的。"①在不具备民族区域自治的
民族杂居区建立民族民主联合政府，作为民族地区政治新秩序建立的重要
过渡形式。

从 1949 年 10 月至 1951 年，中国大陆民族地区先后解放。人民政权逐
步建立并不断巩固，中国共产党主要以和平方式在广大新解放的民族地区
进行民主建政并对旧政权进行全面接管改造，大大减少了社会动荡。当时，
老的解放区已经基本完成民主建政任务，新解放区主要是先由军管会自上
而下地接管县以上政府，而后建立新政府对旧的政府机构进行改造，并进
一步建设或改造基层政权。除了西藏和青海部分地区外，大部分民族地区
1952 年前后完成政府接管和民主建政，这些民族地区党政军各方面组织系
统逐步完善。

1949 年 9 月 5 日西宁解放，结束马氏家族独霸青海 37 年的历史。随后
青海成立省委，9 月 26 日成立省人民军政委员会并成立青海军区，1950 年
1 月成立青海省人民政府。省政府主席赵寿山，张仲良、廖汉生、喜饶嘉措
（藏族）、马朴（回族）为副主席。专、县一级政权建设在各地有所不同，
循化、民和、乐泉、湟源、湟中、海晏、大通、互助、门源、贵德、共和
等县随着人民解放军进驻时间不同而先后建立地方人民政权；玉树专区所
属各县最初委派从马步芳政权中分化出来的地方官吏负责建立地方人民政
府，直到 1950 年 6 月才有成批人民政府干部进入这些地区开展工作；在果
洛、刚察、河南、祁连等地最初委派各少数民族部落头人、宗教首领等维
护社会治安，并负责执行人民政府的各项政策法令，1952 年才首次向这些
地区派遣干部，1954 年青海省民主建政正式完成。②

---

① 《关于大量吸收和培养少数民族干部的指示》，《建国以来重要文献选编》第 1 册，中央文
献出版社，2011，第 32 页。

② 《当代中国的青海》，当代中国出版社，1991，第 44~45 页。

1949 年 9 月 25 日，新疆国民党军队在陶峙岳率领下宣布起义，新疆和平解放。当年 11 月，中共中央新疆分局成立，并先后在全疆组建 3 个大区党委，10 个地委，80 个县机构和 500 多个区委。12 月 17 日成立省人民政府，包尔汉（维吾尔族）任省主席，高锦纯、赛福鼎·艾则孜（维吾尔族）任副主席。随即在进疆解放军的帮助下，着手改造省以下的旧政权，自上而下建立专区、县（市）和区人民政府（有些是区公所）。1950 年 3 月，新疆省内开始废除保甲制度，建立城乡基层新政权。在新疆牧区通过民主协商完成基层政权改造，废除保甲、千百户制度，建立区、乡人民政府，上级人民政府指派区长，民主选举乡长。旧政府 4.5 万多名公务人员全部被新政府接管并保障其生活。①

1949 年 12 月，甘肃全境解放并逐步完成专区、县、区一级人民政府的组织建设。1950 年甘肃省开始改造基层组织，但在卓尼、夏河、天祝、肃北等民族地区，暂时保存了旧的基层政权组织。从 1950 年起，在各民族地区召开各族各界人民代表会议，建立各民族参加的县（市）人民政府，在天水、平凉、临夏专区按人口比例，成立各级民族民主联合政府，民族人口聚居地区成立自治区政府。② 1949 年 9 月解放军接管银川，3 个月后宁夏开始民主建政。

随着西南战役不断取得胜利，1949 年 11 月贵州解放，随后贵州成立省政府。同年 12 月，卢汉宣布起义，云南和平解放。翌年 3 月 6 日，云南省开始全面接管旧政府，接收 5.5 万余名各类军政公教人员。在各地政权接管过程中，采取有序的自上而下的接管措施，顺利完成接管，成立云南省军政委员会和人民政府，军政委员会主任卢汉（彝族），副主任宋任穷、周保中（白族），省政府主席陈赓，副主席周保中、张冲（彝族）、杨汉清。1950 年 5 月中旬，除游击时期建立的政权外，专县政权的接管全部完成。6 月，云南省各县、市级人民政府随后建立。乡村基层组织，除边纵等老根据地外，一律有控制地利用原有的保甲制度，民族地区继续维持土司制度③，直至进行民主改革。

---

① 《新疆维吾尔自治区概况》，新疆人民出版社，1985，第 38 页；《当代中国的新疆》，当代中国出版社，1991，第 69 页。
② 《当代中国的甘肃》（上），当代中国出版社，1992，第 33 页。
③ 《当代中国的云南》（上），当代中国出版社，1991，第 71~79 页。

　　1951 年 5 月，中央人民政府与西藏地方政府签订著名的和平解放西藏"十七条协议"，人民解放军第十八军自当年 7 月开始从甘孜、昌都进藏，部队经过 40 多天的艰苦行军到达拉萨，随后人民解放军部队进驻江孜、日喀则、亚东、隆子等国防要地；云南十四军一部则有 600 多人组成的入藏战斗队，担任运输任务有 1800 人、2100 匹牲畜，部队 1951 年 10 月进驻察隅；新疆独立骑兵师二团则进驻阿里。1951 年 8 月，西北西藏工委开始进藏，12 月，进入西藏后组成新的西藏工作委员会，张国华任书记，谭冠三、范明为副书记，王其梅、昌炳桂、陈明义、李觉、刘振国、慕一忠、牙含章、平措旺阶为委员。1952 年 2 月，中国人民解放军西藏军区依据"十七条协议"成立，此后，西藏军区和西藏工委共同担负党和政府在西藏的工作任务。当时，西藏社会仍然由旧西藏地方政府管理，西藏工委和军区的主要任务是积极开展统一战线工作，争取上层中的大多数，并积极做群众工作，依靠开荒、贸易等方法解决部队生活供给，避免给西藏地方增加负担，进行了筑路等公益工程建设，扩大了解放军在西藏社会的影响，为逐步改善人民群众生活开辟道路。

　　新中国成立初期，民族地区新政治秩序构建还需要面对溃逃到中南、西南、西北地区仍在负隅顽抗的国民党残余势力。这些势力中的相当一部分是逃离大陆前国民党党政军系统潜留的大批特务，他们和各地的土匪、恶霸相勾结，企图建立"大陆游击根据地"，长期对抗新生的人民政权。在广西、广东、湖南、云南、贵州、四川、青海、宁夏、甘肃、新疆等民族地区都有此类反动力量活动，他们充分利用民族地区山多或交通不便、易于分散和隐藏等特点，以袭击基层人民政府、杀害干部和群众、扰乱社会秩序为手段，与人民政权为敌，严重危害人民生命财产安全和新政治秩序的稳定。广西匪患严重，1950 年 1 月，在广西恭城发生原国民党中将军长钟祖培纠集特务和散兵游勇 2800 余人组成的"反共救国军"的暴乱，他们杀害人民政府干部和群众 200 余人。当时广西大小瑶山号称有 3.8 万余土匪，桂南十万大山、六万大山及其附近地区有 4.5 万土匪，除集中的大股土匪外，各地还有 8 万多散匪。① 湖南省匪患主要在湘西地区，据称 1949 年 7～8 月，湘西土匪有 3 个暂编军、12 个暂编师，共 100 余股和 10 余万人，

---

① 《当代中国的广西》，当代中国出版社，1992，第 43～45 页。

土匪的活动对湘西社会秩序影响很大，以致各县区、乡人民政权无法建立或建立后无法巩固，社会改革无法开展，直接威胁着解放军向西南进军的后方。① 贵州土匪活动也极为猖獗，1950 年全省有 460 股较大股匪患，持枪人数达 13 万余人，受土匪攻击牺牲军政干部达 2000 余人，土匪一度占据 31 座县城。② 在新疆，乌斯满、贾尼木汗、尧乐博斯 1950 年 3 月发动的暴乱，数万牧民被裹胁，他们流窜于今乌鲁木齐、哈密、阿山一带牧区，到处烧杀抢掠。1950 年 3 月底他们袭击驻守哈密东北解放军，围攻伊吾县城。同年 7 月，原景化（呼图壁）县长乌拉孜拜在今乌鲁木齐南山一带发动叛乱。从 1950 年 3 月到 12 月，这些叛匪先后进行了 230 多人次抢劫、残害群众，被杀害各族群众达 1175 人，34 万多头（只）各种牲畜被抢劫。③ 在西康省，国民党经常用飞机给土匪空投武器、金条、银圆、鸦片和反共传单及特务，以扩充其实力，支持其反人民政府活动，1950 年 2 月，有 1 万余人的土匪围攻雅安。④

活动在民族地区的土匪，利用当地群众不了解人民政权政策，通过反动宣传欺骗和恫吓等方式，使群众不敢与人民解放军接近，裹胁大批不明真相的各民族群众，造成"匪民难分"，给剿匪带来极大的困难。中共中央采取"军事打击、政治瓦解、发动群众三者结合"的方针，动员各民族群众配合解放军行动，提升了剿匪效率和效果。在湖南湘西剿匪中，有群众的配合和宣传，有动员起来的少数民族上层人士积极支持，也有匪属的积极参与，为彻底剿灭这一地区的匪患创造了良好条件。上山捡栗子的老婆婆能劝降惯匪，普通苗族妇女可活捉"湘鄂川黔边区反共救国自卫军"所谓前敌总指挥少将唐汉云，麻阳、凤凰两县有 1 万多名各族群众，自带干粮被褥，手执火枪、梭镖，配合解放军连续搜山，击毙号称"苗王"的惯匪头子龙云飞。⑤ 布依族女匪首程连珍被俘获后，经毛泽东主席特批免于一死，她获释后积极参与劝降土匪活动，一人劝降 20 多个土匪，5 个匪首，

① 《当代中国的湖南》（上），中国社会科学出版社，1990，第 61 ~ 63 页。
② 《当代贵州大事记》，贵州民族出版社，1996，第 16 页。
③ 《当代中国的新疆》，当代中国出版社，1991，第 69 ~ 70 页。
④ 《当代中国的四川》，中国社会科学出版社，1990，第 40 页。
⑤ 《当代中国的湖南》，中国社会科学出版社，1990，第 66 页。

收缴枪 30 多支。①

面对民族地区复杂形势和凶恶土匪及叛乱势力，人民解放军在这些地区充分动员各民族群众，赢得群众积极支持，取得清剿残匪斗争胜利，稳定了民族地区的社会秩序，确保民族地区政权和社会的稳定。从 1950 年到 1953 年，民族地区共歼灭匪特武装 240 余万人，其中在广西十万大山、六万大山和大小瑶山一带歼灭土匪达 47 万余人。② 到 1953 年，四川剿匪达 70 万人。③ 在剿匪过程中，人民解放军尊重少数民族风俗习惯，剿匪部队和各民族群众建立了良好的关系，在取得清剿匪患胜利的同时，扩大了新政权在各民族中的影响，在剿匪中宣传了中国共产党的民族政策，取得了各民族群众的信任。中国共产党和人民政权的民族政策在各民族群众中产生了广泛和积极的影响，为民族关系进一步调整奠定了坚实的基础。

民族地区解放后，为协调民族关系，推进民族平等团结，各民族地区组织召开各族各界代表会议，代行人民代表大会职权，在新政治秩序条件下，使各民族平等权利得到保障。在召开各族各届人民代表会议时，吸收各民族代表人士参加政府工作。政府在民族地区新政治秩序建设中贯彻民主集中制原则，各界各民族代表人士参与政治协商过程，构建解决问题新政治机制。政治协商激发了各民族群众的政治热情，使各民族群众深刻感受到人民政府尊重本民族群众意志和愿望，各族人民当得起家，做得了主，成为国家的真正主人。到 1952 年，大部分民族地区都召开了代表会议。中华民族共同体在新的政治秩序建设中不断获得优势。

三 制度保障：民族因素与区域因素结合

现代民族共同体的建构，没有内部平等机制将难以实现稳固的凝聚，而且，在中国共产党领导的民族民主革命进程中，中华民族共同体超越历史的局限和民族压迫现象的羁绊，在民族平等团结基础上形成中华民族新国家，并探索建构民族因素和区域因素结合、各民族团结合作的制度，为深化中华民族共同体凝聚创造制度保障。因此，新中国成立之初，中央人

① 陶朱问：《毛泽东义释"女孟获"》，《民族团结》1998 年第 7 期。
② 《当代中国的民族工作》，当代中国出版社，1993，第 65 页。
③ 《当代中国的四川》，中国社会科学出版社，1990，第 40 页。

民政府积极推进民族自治地方建设。这个过程以 1954 年为时间节点，分为前后两个时段，1954 年之前所建立的各级民族自治地方通称为自治区，具有探索性特征。

民族区域自治的实践在民族地区全面展开。1950 年 11 月，西康藏族自治区成立，成为新中国成立初期建立的最早的省级民族自治地方。为规范和实践民族区域自治建设，中央人民政府政务院 1951 年 2 月 5 日责成中央民族事务委员会召开扩大会议，总结并制定民族工作方面的法律规章。1951 年 12 月 14～31 日，中央人民政府民族事务委员会组织召开会期长达 18 天的第二次（扩大）会议。李维汉（中央民族事务委员会主任）、刘格平（中央民族事务委员会副主任）、乌兰夫等在会上做工作报告，有 36 个民族的代表参加会议，西北、西南、中南、东北等大行政区和各省、市民族事务委员会负责人参加了会议，大会上有 66 人发言。这次会议充分体现民族平等、团结的精神，代表们在小组讨论、大会发言中均使用了本民族语言，会议各种文件和发言分别译为蒙古文、藏文和维吾尔文。[1] 这次会议具有全国各民族代表会议性质，会上全面总结了民族地区工作经验，着重讨论了实行民族区域自治需要解决的一些重要问题，统一了对于民族区域自治的认识，提出民族区域自治实施纲要草案，草案经政务院发各大行政区及有关省广泛征求意见，1952 年 2 月 22 日提交政务院第 125 次会议原则通过，后经中国人民政治协商会议全国委员会政法组及民族组联合座谈讨论后提交中央人民政府审批。[2]

1952 年 8 月 9 日中央人民政府正式发布《中华人民共和国民族区域自治实施纲要》（以下简称《纲要》）。《纲要》由 7 章 40 条构成，明确规定民族自治地方及自治机关的性质、地位、建立的原则、类型、规格、界域、名称、批准程序及区域内的民族关系等，使民族区域自治制度得到初步的规范。民族干部的培养受到高度重视，1951 年 2 月 18 日，毛泽东在中共中央政治局扩大会议上提出，在各少数民族中进行工作，"推行区域自治和训

---

① 尤国珍等编著《中国高层决策六十年：中国特色社会主义道路的探索与创新》第 1 卷，京华出版社，2010，第 79 页。

② 乌兰夫：《关于中华人民共和国民族区域自治实施纲要的报告》，《中华人民共和国全国人民代表大会文献资料汇编》，中国民主法制出版社，1991，第 230 页。

练少数民族自己的干部是两项中心工作"。① 从 1950 年到 1952 年，全国建立了 130 个各级民族自治区，自治区内少数民族人口约计 450 万人。其中县级以上的民族自治区 42 个。② 这时能够建立自治地方的少数民族只有 15 个，大多数是族系明确、人口聚居程度较高、建立自治地方相关条件较成熟的民族。

到 1954 年各民族地区的民族区域自治实践取得突出成就，青海省基本上完成民族区域自治建设、新疆基本完成专区级和县级民族自治地方建设、广西绝大部分少数民族聚居区完成民族自治地方建设、四川省民族人口聚居地区也基本实现了民族区域自治。③ 与此同时，全国普遍推行民族民主联合政府以确保各民族平等权益，增强各民族的团结。直到 1955 年，依据《中华人民共和国宪法》，所有民族民主联合政府都进行了改建，凡适合改为自治州、自治县的改建为自治州、自治县，有的改建为民族乡，有的改建为一般的专区、县和乡，民族民主联合政府的改建工作于 1956 年完成。

新中国保障各民族经济文化发展权益，体现中华文化是各民族文化集大成。1950 年中央人民广播电台增设蒙古语、藏语、朝鲜语广播。西北创办和改进了维吾尔文、哈萨克文、藏文、蒙古文、锡伯文、俄文等 17 种少数民族文字的报纸。民族地区经济条件改善提上日程，到 1951 年，西南各省大力开展民族贸易工作，国营贸易公司分别在云、贵、川、康等民族人口聚居区设立贸易机构，以等价交换甚至实行补贴的办法组织商品交流，民族地区土特产品的价值一般能提高 3 倍或 4 倍，有的多至 10 倍。中央人民政府卫生部和地方人民政府派出许多医疗队、防疫队，帮助民族地区建立自己的医疗卫生机构，着力推动民族地区医疗卫生事业的发展。

新中国社会生活新秩序为全面协调民族关系提供了良好条件，中华民族共同体建设在全面实施民族区域自治过程中得到良好民族关系支撑。"几年来我们在解决民族问题方面所获得的成就是显著的、巨大的，有了一个良好的开端。很多地区执行中央的民族政策基本上是正确的，因而打下今后工作的良好基础。但在执行民族政策中所发生的错误和缺点则是很不少

① 《当代中国民族工作大事记》，民族出版社，1990，第 18 页。
② 《中国民族区域自治 50 年》课题组：《中国民族区域自治 50 年》，内蒙古人民出版社，1997，第 83 页。
③ 张尔驹：《中国民族区域自治的理论和实践》，中国社会科学出版社，1988，第 96 页。

的，尤其某些地区因为未照中央的民族政策办事所犯错误更是严重的。"多数地区正确执行了党的民族政策，促进了民族间的平等、团结、互助信任与合作，"凡是对民族问题的认识不甚清楚，不能坚决地执行党的民族政策的地区，虽在民族工作中也有一定的成绩，但民族间的平等、团结和互相信任的关系并未真正建立"，"还有某些地区过去对民族问题是不重视的，对于仍然被歧视受痛苦的少数民族漠不关心，在这种地区问题是很严重的，谈不到多少工作成绩"。① 党中央和人民政府为此于1952年进行了首次全国民族政策大检查，1953年3月，毛泽东亲自起草《关于在民族问题上在党内和人民中进行马克思主义教育，批判大汉族主义，具体地解决少数民族中仍然受歧视、受痛苦的指示》并严肃指出："在许多地方的党内和人民中，在民族关系上存在的问题，并不是什么大汉族主义的残余问题，而是严重的大汉族主义问题，即资产阶级思想统治着这些同志和人民尚未获得马克思主义教育，尚未学好中央民族政策的问题，故须进行认真的教育，以期一步一步地解决这个问题。"② 截至1952年6月，全国各有关地区和部门在广大党员干部和群众中进行了系统全面的民族政策执行情况大检查，根据检查中发现的问题，联系干部群众思想实际，结合党的民族政策和有关开展检查活动的指示精神，各地区和各部门深入批判大汉族主义思想，各族干部群众，主要是汉族党员干部和群众受到了一次马克思主义民族理论和政策教育，很多干部更为深入地理解了党的民族理论，增强了正确执行民族政策的自觉性。

总之，"中华人民共和国和中央人民政府业已成立，国内的民族关系就已经发生了根本变化，从压迫与被压迫的关系，转变为平等互助的关系。民族间的敌对关系虽已改变，民族间的矛盾却没有完全消除，这是因为历史上造成的民族间的仇视、隔阂、猜忌，特别是汉民族对各少数民族的歧视和各少数民族对汉民族的不信任，需要一个相当长的时间才能加以消除"③。新中国成立后所建构的统一的多民族大家庭，全面实践民族区

---

① 《关于过去几年内党在少数民族中进行工作的主要经验总结》，《建国以来重要文献选编》第5册，中央文献出版社，2011，第558~559页。
② 中共中央中南局统一战线工作部编《统一战线工作手册》，1953，第49~50页。
③ 李维汉：《人民民主统一战线的新的形势与任务》，《中共党史参考资料》第19册，中国人民解放军政治学党史教研室，第113页。

域自治，切实保障各民族平等权益，推动各民族政治、经济、文化发展，逐步消灭历史上遗留下来的各民族间不平等，借助一系列社会改革促使各民族过渡到社会主义，使中华民族共同体构建进入全新的历史阶段。

民族工作研究

以习近平生态文明思想引领
美丽西藏建设[*]

曹水群　白云萍^{**}

摘　要：党的十八大以来，西藏生态文明建设取得了显著成效，生态文明建设体制机制不断完善，生态安全屏障建设不断加强，污染防治攻坚战成效显著。新时代美丽西藏建设必须以习近平生态文明思想为根本遵循，处理好金山银山与绿水青山的辩证关系，把改善生态环境作为最普惠民生福祉，追求人与自然的和谐共生，坚持党对美丽西藏建设的全面领导，坚持保护优先与自然恢复相结合，坚持以严格监管执法为保障，坚持强化主体的生态文明意识。

关键词：习近平生态文明思想　美丽西藏　生态文明建设

西藏是重要的国家生态安全屏障，加强西藏生态文明建设不仅关乎广大群众的幸福生活，更是关系中华民族永续发展的根本大计。新时代，我们必须以习近平生态文明思想为引领，像对待生命一样对待生态环境，坚持走生产发展、生活富裕、生态良好的文明发展之路，不断开拓美丽西藏建设新局面。

---

　*　本文为西藏教育科学"十三五"规划 2018 年度课题"习近平新时代中国特色社会主义思想'三进'工作研究"（XZJKY41824）的阶段性成果。

**　　本文为西藏教育科学"十三五"规划 2018 年度课题**
 **　**　曹水群，1970 年生，陕西礼泉人，西藏民族大学马克思主义学院教授，主要研究方向为马克思主义民族理论在西藏的实践；白云萍，1995 年生，陕西洛川人，西藏民族大学 2018 级马克思主义民族理论与政策专业硕士研究生。

一 习近平生态文明思想的主要内容

（一） 以 "人与自然和谐共生" 为本质要求

在党的十九大报告中，习近平总书记指出，"人因自然而生，人与自然是一种共生关系"，"自然界是人类社会产生、存在和发展的基础和前提"。人与自然的和谐共生关系，要求我们在进行现代化建设时，必须尊重自然规律，坚持节约优先、保护优先，注重保护自然、修复生态，构建人与自然和谐发展现代化建设新格局。

在长达五千年的中华文化与中华文明中，蕴含着尊重和热爱自然的生态文化和 "天人合一" 的宇宙观，主张人与自然和谐共生、主体与客体不可分离。习近平生态文明思想中尊重自然、顺应自然、保护自然的观点是对 "天人合一" 思想的继承和发扬，是中华传统自然观在新时代的新发展。新时代的中国，社会主要矛盾已经转化为人民日益增长的美好生活需要与不平衡不充分的发展之间的矛盾，生态文明建设、生态环境保护越来越成为关乎人民幸福的重大民生问题之一，也上升为关系党的使命和宗旨能否实现的重大政治问题之一。在人类社会发展与演进的历史长河中，过度污染大气环境、过度开采生态资源、过度开垦生态湿地的案例层出不穷，严重的生态问题一次又一次为人们敲响保护自然环境的警钟。恩格斯指出："我们不要过分陶醉于我们人类对自然界的胜利。对于每一次这样的胜利，自然界都对我们进行报复。"[①] 在生态文明建设过程中一定要坚持人与自然和谐共生，尊重、顺应、保护生态环境，禁止以透支和污染自然资源为代价的各种经济活动。

（二） 以 "绿水青山就是金山银山" 为基本内核

习近平总书记指出："我们既要绿水青山，也要金山银山。宁要绿水青山，不要金山银山，而且绿水青山就是金山银山。"[②] 这一论断不仅强调了生态环境的重要性，也界定了生态环境与经济发展之间的关系。从 "既要绿水

---

① 《自然辩证法》，《马克思恩格斯选集》第 3 卷，人民出版社，2012，第 998 页。
② 中共中央宣传部：《习近平总书记系列重要讲话读本》，学习出版社、人民出版社，2016，第 230 页。

青山，也要金山银山"中，我们可以看出生态环境建设和经济发展具有同等重要的战略地位；从"宁要绿水青山，不要金山银山"中，我们意识到：不能以牺牲环境为代价去换取一时的经济增长，不能走"先污染后治理"的老路，不能以牺牲后代人的幸福为代价来换取当代人的所谓"富足"；从"绿水青山就是金山银山"中，我们认识到绿水青山是经济可持续健康发展的坚实基础和必要前提，绿水青山本身就蕴含着经济发展的动力密码和潜力。

我们在发展经济的同时应立足当下的生态环境，以高度的责任感和自觉意识处理好绿水青山和金山银山之间的对立统一辩证关系，宁愿不开发不破坏也不能边开发边破坏，用集约、循环、可持续方式利用自然资源，一方面使绿水青山转化为金山银山，另一方面做到"创造金山银山的同时，绿水青山依然，甚至发展至更高层次和更优质量的绿水青山"。从更远的视角看，保护生态环境比当下的经济发展更为重要，更有利于国家的可持续发展。因为，生态环境一旦遭到破坏就很难恢复，甚至会让人类付出更大更多的惨痛代价。

（三）以"良好生态环境是最普惠民生福祉"为宗旨精神

习近平总书记强调指出："生态环境没有替代品，用之不觉，失之难存。""环境就是民生，青山就是美丽，蓝天也是幸福……"① 中国共产党拥有人民至上的情怀，遵循的是全心全意为人民服务的宗旨。不断满足人民的物质精神需要，改善人民的生存状态，是中国共产党孜孜以求的目标。把良好生态作为最普惠民生福祉，将环境保护事业作为改善民生、为人民服务的重要任务和工作的主要内容之一，说明党中央对这一工作的高度重视。

发展经济是为了民生，保护生态环境也是为了民生。随着生产力水平的不断提高和经济社会的整体推进，人民对美好生活需要的层次也不断提升、内涵不断丰富，其中就包含人民对良好生态的渴望、对饮用水安全问题的关注、对空气质量的诉求等。下足功夫解决人民群众关注的空气质量、饮用水安全等环境安全问题，是维护最广大人民根本利益的表现，是对中国共产党宗旨的最好阐释和体现，是对解决社会主要矛盾的现实努力。为

---

① 中共中央宣传部：《习近平新时代中国特色社会主义思想三十讲》，学习出版社，2018，第244页。

此，我们必须把生态文明建设、环境保护工作放在民生工作的优先位置，坚持"良好生态环境是最普惠民生福祉"这一理念，用积极扎实的生态文明建设回应人民群众对美好环境的需求和期盼。

二　西藏生态文明建设取得的显著成效

党的十八大以来，西藏自治区党委政府坚决贯彻落实习近平总书记关于治边稳藏的重要论述精神，始终牢记总书记"保护好青藏高原生态就是对中华民族生存和发展的最大贡献"的殷殷嘱托，下大力气加强美丽西藏建设，在生态文明建设方面成效卓著。

（一）　生态文明建设体制机制不断完善

生态文明建设体制机制指的是生态文明建设和环境保护等事务的规范体系以及相关单位内部的相互作用、工作方式等。党的十八大以来，西藏生态文明建设体制机制不断发展完善，其目标评价考核体制更为科学和全面，生态环境破坏责任追究体制更为严格、更具操作性；启动并不断完善"三线一单"（生态保护红线、环境质量底线、资源利用上线以及环境准入负面清单）的编制工作；不断完善重点生态功能区转移支付和各类生态奖补政策机制；形成了较为完善的湿地保护管理体制。

拿湿地保护管理体制来说，西藏将保护湿地的组织、协调、指导和监督职责赋予了林业部门，各级林业部门都加挂或成立了专门的湿地管理机构，明确了湿地保护的管理职责，改变了以往"主责不清、多头管理"的困境。除此之外，西藏还探索制定了湿地保育、限牧补偿等措施以及农牧民协议管护员与专业管护员相结合的管护机制，使占到西藏总面积 1/4 以上的湿地资源得到了有效保护。

（二）　生态安全屏障建设不断加强

截至 2019 年底，西藏累计投入了 117 亿元用于生态安全屏障建设，强力保卫雪域高原的蓝天、碧水、雪山、净土，提升西藏的环境质量。在生态安全屏障建设方面，西藏主要做了三方面工作。一是严格实施生态安全屏障保护与建设规划，完成了生态红线初步划定，将 45% 的区域列入最严格生态保护范围，共有 17 个县、213 个乡镇、2373 个村被命名为自治区级生态单位。二是划定生态保护重点区域，并在这些区域内实施增植生态公益林、防沙治沙等生态工程。2019 年，西藏新增造林面积 130.7 万亩，完成了在有条件的地方消除"无树村""无树户""无树单位"的目标任务。三是将重点生态功能区转移支付等各类奖补资金 97.7 亿元严格落实到位。随着生态安全屏障建设不断加强，西藏的生态质量日益提高。2019 年，西藏各地级市空气质量优良天数的比率高达 99% 以上，地表水的水质达标率为 100%。① 世界上环境质量最好的地区之一这一殊荣，西藏当之无愧。

(三) 污染防治攻坚战成效显著

污染防治是一个多方位的战略体系，涉及生态环境保护的各个领域，从理论构建层面到具体实践层面，从解决老百姓关注的突出环境问题到防范规避生态环境风险，以及怎样构建生态文明体系、如何提升相关部门生态环境的治理水平、如何改革生态文明建设的体制机制，等等。其中，对生态文明建设体制的改革是污染防治的核心内容，而在污染防治中起关键作用的则是相关部门的环境治理水平。这一系列重大问题和重大举措组成了完整的治理体系，对推进污染防治具有极其重要的现实意义。近两年，西藏在污染防治问题上下了大功夫，扎实落实、积极推进了中央提出的整改措施，加强了水污染、大气污染、土壤污染的防治工作，建成了各类污水处理和垃圾填埋回收的现代化设施，积极推进了"厕所革命"。

"厕所革命"是污染防治工作的重要环节，西藏自治区党委政府高度重视，多次做出重要批示并召开专题会议，对项目建设工作进行系统安排部署，成立了"厕所革命"工作专班。在羊湖、达古和纳木错三个景区试点建设了 5 座厕所，引进了免水可冲和泡沫封堵微生物降解两种特殊工艺，突破了水资源缺乏地区厕所保洁难题。截至 2019 年末，全区新建改建厕所 1909 座②，逐步解决了公共厕所规划不健全、供给数量少、建设品质低和运营管理差等问题。

---

① 《西藏累计投入 117 亿元构建国家生态安全屏障》，新华网西藏频道，http://tibet. news. cn/ywjj/2020 – 01/09/c_138690572. htm，2020 年 1 月 9 日。
② 《西藏"厕所革命"项目建设工作基本完成》，新华网，http://m. xinhuanet. com/xz/2020 – 01/08/c_138687809. htm，2020 年 1 月 8 日。

三　新时代美丽西藏建设应坚持的原则

与全国其他地区相比，美丽西藏建设有它的特殊性。该特殊性不仅表现在青藏高原的气候、植被、土壤等自然领域，也体现于西藏特殊的人文、历史、社会意识等方面。该特殊性要求我们在美丽西藏建设过程中坚持以下原则。

（一）坚持党对美丽西藏建设的全面领导

1959 年，中国共产党领导西藏人民开展了轰轰烈烈的民主改革，终结了落后残忍的封建农奴制，百万农奴得以解放，享受到了做人的尊严和权利，生活水平得到巨大提升。没有共产党，西藏的老百姓就不会有幸福的日子；没有共产党的正确领导，西藏的各项事业也不可能顺利推进。西藏民主改革 60 年来，西藏发生了翻天覆地的变化，这些变化的根本原因在于：中国共产党的英明领导。坚持党的领导是西藏一切工作顺利开展的重要前提和基础性条件。美丽西藏建设，作为新时代西藏工作的主要内容之一，也必须始终坚持党的领导。各级党委、政府对西藏生态建设和环境保护工作必须负总责，自己的孩子自己管，对于美丽西藏建设任务的紧迫性、形势的严峻性必须有清醒的认识和科学规划，对于关乎美丽西藏的重点问题和重要环节必须亲自部署、亲自过问、亲自协调和亲自督办，以习近平生态文明思想为引领，坚持党中央的统一部署，结合西藏生态环境的具体实际，做到严密组织、科学协调、管理高效，加快推进美丽西藏建设。

（二）坚持保护优先与自然恢复相结合

习近平总书记在党的十九大报告中指出："我们要建设的现代化是人与自然和谐共生的现代化，既要创造更多物质财富和精神财富以满足人民日益增长的美好生活需要，也要提供更多优质生态产品以满足人民日益增长的优美生态环境需要。必须坚持节约优先、保护优先、自然恢复为主的方针，形成节约资源和保护环境的空间格局、产业结构、生产方式、生活方式，还自然以宁静、和谐、美丽。"

西藏地质结构的突出特点是：年轻、活跃、表层松散、土壤发育不足，生态极为脆弱。在一些重要特殊的生态区域，山高坡陡、泥石流和山体滑坡经常发生。有鉴于此，在保护生态环境、美丽西藏建设过程中，必须始终坚持保护优先、自然恢复为主的方针，坚持把保护生态环境作为底线、红线、高压线，不断完善环保规划，严格执行环保举措，切实保护好西藏的每一片青山绿水，保卫好冰天雪地，坚持绿色发展。近年，西藏先后颁布和出台了诸多法规和政府规章，明确了新时代美丽西藏建设的总体设计和系统架构，如《西藏自治区湿地保护条例》《西藏自治区生态环境保护监督管理办法》《西藏自治区矿产资源勘查开发监督管理办法》《关于建设美丽西藏的意见》《关于着力构筑国家生态安全屏障加快推进生态文明建设的意见》等。要确保"保护优先""美丽西藏建设"落到实处，就必须充分发挥环保考核在实际工作中的"指挥棒"功能。为此，西藏成立了环境保护考核领导小组，通过对 74 个县（区）政府实施严格的年度环境保护考核，以推动环境保护主体责任和属地管理法定职责的落实。

（三）坚持以严格监管执法作为保障

强化环境监管执法是美丽西藏建设的可靠支撑和重要保证。应明确环境保护主体责任，层层落实环境保护责任清单，不断完善生态文明建设考核评价机制，提高生态环保指标在经济社会发展目标考核体系中的权重。切实执行好建设项目环境影响评价制度、矿产资源勘查开发自治区政府"一支笔"审批制度和环境保护"一票否决"制度，严把项目建设的产业政策关、生态环境关、资源消耗关，严禁引入高污染、高耗能、高排放产业。对形形色色环境违法行为"零容忍"，通过环保约谈、挂牌督办、限期整改、关闭停产等措施，加大对环境违法行为的查处力度。开展建筑施工扬尘污染专项整治，扎实推进油气回收治理、燃煤锅炉淘汰等工作。严格落实河（湖）长制，加强污水处理设施规范化建设，扎实推进集中式饮用水水源地环保专项行动，提升污水处理相关部门的运行管理能力和水平，不断加强水污染防治工作。全面实施《西藏自治区土壤污染防治行动计划工作方案》，提高土壤的污染防治工作成效。对于危险废弃物必须进行申报登记，全程做好监督管理工作，以维护环境安全，使人民群众生活得舒心、安全。

（四）坚持强化主体的生态文明意识

美丽西藏建设的主体是人，是参与美丽西藏建设实践的广大人民群众。

人民群众主观能动性的发挥不可能自然生成，需要通过宣传教育予以激发。所以，各种媒体和教育机构，应大力宣传西藏生态环境的脆弱性、西藏生态文明建设的必要性和重要意义、美丽西藏建设任务的艰巨性、美丽西藏建设与个人生活关系的密切性等，使广大人民群众意识到，美丽西藏建设惠及你我他，生态文明建设必须靠大家。这方面工作，拉萨市做得比较好。在城区，通过开展社区教育和学校教育，对群众开展环保知识普及，使环境保护行为日常化和习惯化。在农村，通过教育使得农牧民对居住地的周边生态特点形成科学认知，提高农牧民的环境保护自觉性和积极性；通过开展文明行为养成活动，增强了农牧民生态文明建设意识，使其逐渐养成生态实践的好习惯。

在宣传教育过程中，应重视树立美丽西藏建设的模范典型，营造全社会向模范典型学习的浓厚氛围。此举可大大提高宣传教育的实效性，其原因有两点：一是全社会对于模范典型的尊敬和爱护，会形成模范的集聚和号召效应，以模范为中心，愿意向上、求善的人们会被逐渐吸引和感召过来，如此，积极投入美丽西藏建设的主体力量会越来越强大；二是通过模范典型具体事例的大力宣传，老百姓对于"该做什么、不该做什么"有了更为清晰的认识和理解，从而对各主体从事美丽西藏建设实践有了更为具体的指导和引领作用。

除宣传教育之外，创新激励和约束机制也是提高实践主体主观能动性的有效手段。一是要通过激励机制，对在美丽西藏建设中表现突出的个人和组织给予物质和精神奖励；反之，则给予惩罚。二是要将美丽西藏建设的相关制度、规定具体化和可操作化，要让相关个人和组织能够从制度和规定的具体条文中，明确自己努力的方向、工作的主要内容和环节、考核的项目和指标体系等。如此，制度的指导作用才能更突出，规定的约束作用才能更强力。

在西藏，处理好金山银山和绿水青山的辩证统一关系，靠的是在党的领导下西藏广大群众团结一致、共同努力，扎实推进美丽西藏建设。高效实践的前提在于科学理论的指导。只有坚持以习近平生态文明思想为指导，把改善生态环境作为最普惠民生福祉，追求人与自然的和谐共生，美丽西藏建设才能加快推进。

自然崇拜及族际交流对低碳发展的影响

——基于浙江沐尘水库畲族移民安置社区的实证分析

蒋　尉[*]

摘　要： 自然崇拜是畲族信仰文化的重要组成部分，其中保护自然的文化心理，表达了畲族朴素的生态伦理思想。然而这种自然崇拜是否具有族际传导效应？以及在实践中是否有助于低碳发展？本文结合实验经济学和宗教社会学的方法，基于对浙江沐尘水库畲族移民与迁入地居民互嵌聚居的抽样调查开展实验研究，来回答上述问题。通过对不同民族在单民族聚居与民族互嵌聚居状态下的低碳意识及其差异的分析，发现畲族居民的自然崇拜心理具有跨族传导性，它通过族际交流，与汉族居民的知识结构相互影响，可以促进双方低碳发展积极性的提高，自然崇拜心理及其传统地方性知识对于迁入地的低碳发展有溢出效应。

关键词： 自然崇拜　族际交流　族际传导效应　低碳意愿

一　研究背景

应对气候变化是全球性的公共事务，在此背景下，建设低碳社会，增进全民福祉已是学界共识。由于低碳社会的基础单元是低碳社区和低碳村镇[①]，因此低碳社会的建设必然要求社区居民低碳意愿和低碳理念的加强。

---

[*]　蒋尉，中央民族大学哲学与宗教学院 2019 级博士研究生；中国社会科学院民族所世界民族研究室副研究员。
① 杜祥琬：《气候变化问题的深度：应对气候变化与转型发展》，《中国人口、资源与环境》2013 年第 9 期。

在西部地区、偏远的少数民族地区，绿色低碳发展相对较其他地区落后，则更应强调公众低碳意愿的成长①。现有文献较多地从低碳减贫和低碳脱贫的视角来讨论少数民族地区的低碳发展或提升少数民族居民的低碳意识。如张琦等认为，绿色低碳减贫理念的创新和行动是我国减贫治理的经验之一②；有学者提到生态脆弱民族地区在发展低碳经济的过程中面临着生态环境的制约性与经济利益最大化之间的现实困境，要实现"人口—社会—环境"系统的协调发展，低碳模式势必成为处于生态脆弱地区的我国连片特困地区的一个重要路径③。不少学者提出以相关政策措施推动有地区特色的低碳经济的发展。如郭京福等提到选择培育适合当地的特色低碳产业发展模式，提高少数民族群众的生活水平同时，把对生态环境的影响减少到最低水平④；周雪莲提到应依托资源禀赋发展凉山彝族自治州彝族聚居区的低碳特色产业⑤；有的提出国家应有倾斜性的财政制度和产业政策，为少数民族地区发展低碳经济提供资金和政策支持⑥。而对于少数民族居民的宗教文化心理、族际交流对低碳意愿成长的作用方面，则仅有少量研究而鲜有文献做深入的探讨。然而，平时渗透在生活中质朴的自然崇拜心理，及其蕴含的生态伦理则是少数民族文化的重要组成部分之一，其内涵与应对气候变化、与低碳理念是契合的⑦，如袁泽锐提到畲族自然崇拜中的土（山）地崇拜、林木崇拜和动植物崇拜等都蕴含着深刻的生态经济伦理思想，反映着畲族人民对自然万物的敬畏之心，⑧ 无疑这种自然崇拜倡导了一种尊重自然、保护自然、人与自然和谐共处的理念，这种理念客观上推动了应对气候变化的实践行动，很值得做进一步的研究。而族际交流对不同民族在低

---

① JIANG Wei，"Systemic Research on the Green Development in Western China：A Non-Technological Innovation Perspective"，*Chinese Journal of Urban and Environmental Studies*，Vol. 4，No. 2 (2016)：1 – 25.

② 张琦、冯丹萌：《我国减贫实践探索及其理论创新：1978 ~ 2016 年》，《改革》2016 年第 4 期。

③ 孔立：《连片特困地区低碳发展研究》，博士学位论文，中国农业科学院，2016。

④ 郭京福、左莉：《少数民族地区生态文明建设研究》，《商业研究》2011 年第 10 期。

⑤ 周雪莲：《资源约束条件下民族地区低碳经济发展问题研究——以四川凉山彝族自治州为例》，《贵州民族研究》2015 年第 5 期。

⑥ 杜倩、吕南：《民族地区低碳经济发展路径研究》，《贵州民族研究》2015 年第 9 期。

⑦ 张春敏、梁菡：《民族生态文化与民族地区低碳发展的互动关系研究》，《云南社会科学》2016 年第 1 期。

⑧ 袁泽锐：《畲族宗教信仰视阈中的生态经济伦理探析》，《丽水学院学报》2017 年第 4 期。

碳意识成长中的作用也具有重要的意义，如亚行在越南低碳农业项目报告中提出，少数民族因某些地理原因和观念而不易实施应用低碳技术，信息的交流和传播则应该进一步加强①，这其实也从侧面反映了民族间交流对低碳发展的重要性。

本文以浙江沐尘水库畲族移民与迁入地居民的互嵌聚居为案例，基于对水库移民和迁入地居民的抽样调查开展实验研究。需要指出的是，在本研究中，参照组和实验组研究对象的条件变化，即生活地点和聚居环境的改变，并非本研究活动所人为设置或根据研究需要做出的调整，而是属于事先发生的变化，为本研究提供了两对可供比较的样本群体。

民族迁徙主要是指一个民族的整体或部分，在某种原因的驱使下，有组织地或自发地离开其原始居住地而较大规模地向其他地区移动的现象，迁徙带来的文化接触和民族融合必然会引起社会变迁②。本文案例中的畲族移民，由于沐尘乡水库建设而迁移到汉民族社区，两个不同民族的居民打破原有的单民族聚居的边界，通过各种社会经济活动等交往交流交融在一起，形成汉畲互嵌聚居的状态。

二 案例选择、研究方法及数据来源

（一）案例选择

本文选择我国第三批低碳试点城市衢州市的水库移民所引致的少数民族迁移及其与迁入地居民的聚居社区为案例点。近几年，浙江省各地加快了低碳城市建设的进程，位于浙江西南山区的衢州市也于 2017 年获国家第三批低碳城市试点，畲族则是该市人口最多的少数民族。其中龙游县沐尘畲族乡便是浙江省的少数民族聚居区之一，该乡深居高山，交通不便，是省扶贫的重点对象，大部分畲族居民已经搬迁。2008 年，因当地要在沐尘

---

① ADB, Vietnam: Low Carbon Agricultural Support Project, January 2017, pp. 11 – 14, https://www. adb. org/sites/default/files/project-document/224021/45406 – 001 – smr – 01. pdf, 访问时间：2019 年 3 月 5 日。

② 蒲涛：《民族迁徙与中华民族多元一体格局的形成和发展——中国民族史学会第十五次学术研讨会综述》，《原生态民族文化学刊》2012 年第 3 期。

乡修建水库，出于安全考虑，同时也结合扶贫工作，地方政府组织水库周围的居民（该地区的居民全部为畲族）往外搬迁，主要迁至占家镇的上夫岗村、蒲山村和芝溪家园街道社区，其中有的成为畲族聚居社区，有的穿插融入当地汉族社区，形成不同民族互嵌聚居的状态。

在低碳城市建设的进程中，居民低碳意愿的上升是其内在动力。而畲族自然崇拜的朴素文化心理是否对当地的低碳发展产生积极的影响？不同民族的互嵌聚居是否有助于低碳理念的认知和低碳建设积极性的提高？本文基于问卷调查和入户访谈获得第一手资料，试图结合实验经济学与宗教社会学的研究方法，通过比较分析参照组和实验组的低碳意识，即在水库移民后，单民族聚居与民族互嵌聚居社区的畲族、汉族居民之间低碳意愿的差异，来探索上述问题。

（二）主要方法及数据来源

本文以我国第三批低碳城市试点衢州市的水库移民所引致的少数民族迁移及其与迁入地居民的互嵌聚居为案例，研究不同聚居方式下居民低碳意愿的差异及居民间的相互影响。本研究中，实验组的条件变化，即样本群体生活地点和聚居环境的变化，并非由本研究活动所预先设定，或是根据研究需要人为调整所致，而是属于事先已经发生的变化，恰好为本研究提供了两组可供比较的居民群体，纳入实验研究的样本。

本文数据除标注外，全部来源于2015～2016年浙江省龙游县低碳城市建设的问卷调查以及入户访谈。本研究涉及的三个社区共355户，我们以分层抽样的方法，在各社区分别随机抽取样本共132户，包括单民族聚居的汉族33户、与畲族聚居的汉族33户、移民后单民族聚居的畲族33户，以及与汉族聚居的畲族33户，发放问卷共132份，回收有效问卷132份。实验将研究对象分成四组：A1组为迁入地单民族聚居的汉族；A2组为迁入地与畲族互嵌聚居的汉族；B1组为迁徙后单民族聚居的畲族，B2组为迁移后与汉族互嵌型聚居的畲族。其中A1组、B1组为参照组，A2组、B2组为实验组。

问卷回收整理录入后，主要使用统计软件SPSS，针对居民对气候变化问题的认知程度、对我国积极推进绿色发展以及低碳城市建设的了解情况、居民对低碳绿色或者环境保护活动的参与状况，为减缓气候变化放弃奢侈消费的意愿度，以及居民平时的低碳生活习惯等问题进行比较，来分析畲族居民的自然崇拜心理是否具有跨族际传导效应？它与汉族居民的知识结构是否可以通过族际交流相互影响和吸纳，其结果是否有助于双方低碳意识的提高等问题。

三 自然崇拜、族际交流在低碳发展中的影响

问卷和访谈共有七个问题，分属五个部分，主要围绕下述变量来研究水库移民后，迁入地不同群体间的低碳意愿差异，从而判断畲族自然崇拜是否具有跨族际传导性，以及族际交流是否促进双方低碳意愿的成长：一是考察参照组与实验组对气候变化以及当地低碳建设的认知度；二是考察他们的环境意识和低碳意愿，设定在无须付费的公共场合，即在一定程度上消除经济因素的干扰后，测试研究对象的低碳习惯和道德自律问题；三是测试研究对象在低碳消费和攀比消费间的心理权衡；四是测试研究对象的低碳行动意愿；五是测试在互嵌聚居过程中，民族地方性知识是否更容易传播，从而对低碳发展有促进作用。

（一）参照组与实验组对气候变化以及当地低碳建设的认知度

为考察参照组与实验组对气候变化以及当地低碳建设的认知度，我们设置了两个问题。问题一："您知道气候变化问题吗，知道人类过度的碳及污染排放引起气候变化及环境问题吗？"该题我们预设了四个定序选项，按程度从低到高依次为"不知道，不关心""不太清楚""知道，但不关心""知道，关心"。问题二："您对您所在城市建设低碳城市了解吗？对相关政策是否满意？"该题我们预设了四个定类选项，分别是"低碳措施给百姓带来了好处，满意""低碳措施虽多，但没有给百姓带来物质好处，不满意""对这些措施看法一般""对政策措施不清楚，不了解"。

如表 1 所示，A1 参照组为阳光小区单民族聚居的汉族居民，他们对气候变化问题表示"不知道，不关心"的人数仅占 3%，28.2% 的人表示"不太清楚"，"知道，但不关心"的占 15.2%，"知道，关心"的占 53.6%。从比例上看，该社区单民族聚居的汉族，对气候变化问题比较了解的达到 68.8%。A2 实验组为上夫岗村互嵌聚居的汉族，相关的比例与阳光小区单

民族聚居的汉族大体相当，比较了解气候变化问题的总共占 69.7%，其中"知道，但不关心"的比例较参照组低 3.1 个百分点，而"知道，关心"的高 4 个百分点。

B1 参照组为在建设沐尘水库时迁移至浦山村单民族聚居的畲族，B2 实验组为迁移至上夫岗村与该村汉族互嵌聚居的畲族。从问卷上看，参照组与实验组差异显著：对气候变化问题表示"不知道，不关心"的比例分别为 12.1% 和 6.1%，表示"不太清楚"的分别为 57.6% 和 27.3%，实验组较参照组分别低 6 个百分点和 30.3 个百分点；相应的，对气候变化问题知道的比例分别为 30.3% 和 66.7%，其中"知道，但不关心"的分别为 21.2% 和 18.2%，"知道，关心"的分别为 9.1% 和 48.5%。从"知道，关心"的比例上看，互嵌聚居较单民族聚居要高 39.4 个百分点，同时"知道，但不关心"的要低 3 个百分点。

表 1　参照组和实验组对气候变化问题的认知度

		您知道气候变化问题吗，知道人类过度的碳及污染排放引起气候变化及环境问题吗？				
		不知道，不关心	不太清楚	知道，但不关心	知道，关心	渐进 Sig.（双侧）
A1 组（参照组）阳光小区单民族聚居的汉族	计数	1	6	5	21	
	该组中的百分比	3.0%	28.2%	15.2%	53.6%	
B1 组（参照组）迁至浦山村单民族聚居的畲族	计数	4	19	7	3	
	该组中的百分比	12.1%	57.6%	21.2%	9.1%	0.00186
A2 组（实验组）上夫岗村互嵌聚居的汉族	计数	1	9	4	19	
	该组中的百分比	3.0%	27.3%	12.1%	57.6%	
B2 组（实验组）上夫岗村互嵌聚居的畲族	计数	2	9	6	16	
	该组中的百分比	6.1%	27.3%	18.2%	48.5%	

资料来源：笔者根据调查问卷数据绘制。

因 4 个选项可以看作定序变量（在选项的 1～4 值中，数值越高，低碳意识越乐观），从而进行均值比较发现，A1 参照组均值为 3.39，A2 实验组为 3.24；B1 参照组为 2.27，B2 实验组为 3.09。由卡方检验结果，P 值为 0.002，可见，参照组与实验组在对气候变化问题的认知方面具有显著差异，畲族单民族聚居与互嵌聚居居民间的差异大于汉族单民族聚居与互嵌聚居居民间的差异。这与我们入户访谈的结果一致：由于蒲山村全部是从沐尘迁移过来的畲族居民，大家日常生活中都是与本社区本民族的居民进行交流，与外部交流不频繁，信息量以及获取信息的渠道有限，信息范围相对狭窄，因而参照组的畲族居民对气候变化问题认知度普遍不高；相反，上夫岗村是畲族汉族互嵌聚居，当地汉族社会活动较频繁，信息量和获取渠道都较广，畲族迁移入上夫岗村后，通过与当地汉族的交流，增加了信息量的渠道来源，拓宽了知识面，因而对气候变化的认知度也相应更高。

对于第二个问题，实验组与参照组的反应也具有显著差异。衢州市近年来在低碳发展方面做了不少努力。除了产业政策、能源政策之外，该市在与居民日常生活联系较紧密的低碳社区建设层面也有较具体的政策措施，比如公共自行车、节能路灯的使用和管理，农村垃圾的收集和管理等。

如表 2 所示，A1 参照组的汉族居民中认为"低碳措施给百姓带来了好处"，表示满意的占 30.3%；认为"低碳措施虽多，但没有给百姓带来物质好处"，表示不满意的占 36.4%；而认为一般的占 27.3%；另外有少数表示不清楚不了解，占 6.1%。A2 实验组的汉族居民对低碳政策措施都有不同程度的了解，相应的比例分别是 36.4%、27.3% 以及 36.4%，差异不显著。而 B1 参照组和 B2 实验组差异很明显：B1 参照组表示对低碳政策满意、不满意、一般、不了解的分别为 12.1%、3.0%、18.2% 和 66.7%，半数以上的居民对当地的低碳政策措施不清楚；而 B2 实验组相应的比例是 39.4%、15.2%、36.4%，不了解的仅占 9.1%，与 B1 参照组对比，差异显著。

表 2　参照组和实验组对当地低碳建设的认知度

		您对您所在城市建设低碳城市了解吗？对相关政策是否满意？				
		低碳措施给百姓带来了好处，满意	低碳措施虽多，但没有给百姓带来物质好处，不满意	对这些措施看法一般	对政策措施不清楚，不了解	渐进 Sig.（双侧）
A1 组（参照组）阳光小区单民族聚居的汉族	计数	10	12	9	2	0.000
	该组中的百分比	30.3%	36.4%	27.3%	6.1%	

续表

		您对您所在城市建设低碳城市了解吗？对相关政策是否满意？				
		低碳措施给百姓带来了好处，满意	低碳措施虽多，但没有给百姓带来物质好处，不满意	对这些措施看法一般	对政策措施不清楚、不了解	渐进 Sig.（双侧）
B1 组（参照组）迁至浦山村单民族聚居的畲族	计数	4	1	6	22	
	该组中的百分比	12.1%	3.0%	18.2%	66.7%	
A2 组（实验组）上夫岗村互嵌聚居的汉族	计数	12	9	12	0	0.000
	该组中的百分比	36.4%	27.3%	36.4%	0.0%	
B2 组（实验组）上夫岗村互嵌聚居的畲族	计数	13	5	12	3	
	该组中的百分比	39.4%	15.2%	36.4%	9.1%	

注：p 为 0.000 不必然代表 p 值为零，因为可能 0.000 后面有不为零的数值。

资料来源：笔者根据调查问卷数据绘制。

在进一步的入户访谈中了解到，参照组的交往主要集中在本民族和小社区内，尽管地方政府的低碳政策和措施通过若干渠道，如公共建筑物墙体标语等方式进入社区，但并非每个居民对其中的概念都有足够的了解，有的会有一些误解，担心低碳建设会对经济发展造成影响，进而影响自己的物质福利。但是实验组的居民，在与当地居民的交流中更多地接触到具体的概念，在问到公共自行车的使用方面，他们更能体会到低碳措施带来的现实优势。此外，畲族居民和汉族居民对于政策满意度的起点有所不同：对同一个政策或措施，汉族居民的要求更高一些，在经济便利性和文化生活方面都对政策措施有着较高的预期；畲族居民限于原先相对较低的经济文化条件，当低碳政策措施对其生活条件稍有改善时，就会感到比较满意。

（二）参照组与试验组的环境意识和低碳意愿

低碳生活方式是低碳建设的一个基础组成部分，为了考察研究对象的环境意识和低碳意愿，本文主要选取了几项比较简单易行的行为习惯，如关水龙头、人走关灯、少用空调节电等。又由于居民节水节电的出发点是不同的，可能是出于低碳关切，也有可能是出于经济原因。对此，为了尽可能剔除或减少经济变量对选项的干扰，我们在问卷设计中特别加上"公共场合"，即在没有经济约束的条件下，居民是否能够做到随手关灯关水节电。因此问题为："您平时是否在公共场所做到人走关灯，拧好水龙头，节约用电？"可见，该问题实际上测试的是居民的低碳自律。相应的，我们设置了四个定序选项，程度从高到低分别为"很注意""比较注意，基本上能做到""不太注意""不关心"。

如表3所示，与前两个问题的测试结果一致，A1参照组和A2实验组的低碳自律差异不太明显，参照组中选择很注意、比较注意（能基本做到）、不太注意和不关心的分别为30.3%、30.3%、36.4%和3.0%；实验组的相应比例分别为39.4%、33.3%、27.3%和0。但是B1参照组和B2实验组的差异则比较悬殊：参照组中选择很注意、比较注意（能基本做到）、不太注意以及不关心的比例分别是9.1%、9.1%、30.3%和51.5%；而实验组的相应比例是39.4%、39.4%、21.2%和0。

表3　参照组和实验组的低碳自律

| | | 您平时是否在公共场所做到人走关灯，拧好水龙头，节约用电？ | | | |
		1. 很注意	2. 比较注意，基本能做到	3. 不太注意	4. 不关心
A1组（参照组）阳光小区单民族聚居的汉族	计数	10	10	12	1
	该组中的百分比	30.3%	30.3%	36.4%	3.0%
B1组（参照组）迁至浦山村单民族聚居的畲族	计数	3	3	10	17
	该组中的百分比	9.1%	9.1%	30.3%	51.5%
A2组（实验组）上夫岗村互嵌聚居的汉族	计数	13	11	9	0
	该组中的百分比	39.4%	33.3%	27.3%	0.0%
B2组（实验组）上夫岗村互嵌聚居的畲族	计数	13	13	7	0
	该组中的百分比	39.4%	39.4%	21.2%	0.0%

资料来源：笔者根据调查问卷数据绘制。

同问题一，该 4 个选项可以看作定序变量（在选项的 1 ~ 4 值中，数值越低，低碳自律性越强），进行均值比较发现，B1 参照组为 3.24，B2 实验组为 1.82，实验组较参照组自律性更强。由卡方检验结果，P 值为 0.001，实验组与参照组在低碳自律问题上差异显著。

在后续的入户访谈中，得到了这一现象的部分解释：畲族居民，原先住在沐尘山区，水资源丰富，没有感受到水、电等资源约束，很少有水资源、能源资源的概念，没有养成随手关水龙头等习惯。整体搬迁至蒲山村后，日常接触的依然是原居住地的群体及其观念，因此，他们迁徙后变化很小，加上在公共场合，没有经济动力，因而很少注意。而实验组的情况不同，他们搬迁后是与迁入地的汉族居民互嵌聚居，日常交往中会接触到更多关于水资源和能源资源稀缺的言论，当他们意识到这一问题后，节水节能的行为倾向就很明显。

（三）参照组和实验组在低碳消费和攀比消费间的心理权衡

这部分主要通过考察不同居民群体的买车动机来测试他们在低碳消费和攀比消费间的心理权衡。所设的问题是："您买车的原因是什么？"设置该问题是鉴于交通是碳排放的三大主要来源之一，一辆轿车一年排出的有害废气比自身重量大 3 倍，减少非刚性的轿车需求有助于低碳发展。针对该问题，我们设置了三个选项："周围很多人都买了""有车方便，可以驾车出去玩""上班路途远，有车能节省时间"，分别代表攀比消费、休闲消费和刚需消费。

如表 4 所示，A1 组攀比消费、刚需消费和休闲消费的比例分别是63.6%、9.1% 和 27.3%，攀比消费接近 2/3；A2 组攀比消费较 A1 组低39.4 个百分点，差异显著，而刚需消费的比例也较 A1 组更高，休闲消费大抵相当。而 B1 组和 B2 组的差异则主要体现在刚需消费和休闲消费上，B2组选择"有车方便，可以驾车出去玩"的比例高出 B1 组 6.1 个百分点，而选择"上班路途远，有车能节省时间"的比例要低 6 个百分点。

入户访谈中，我们重点对有车户、无车户都做了进一步的了解。与畲族互嵌聚居的汉族居民表示，他们原先一直觉得没有豪华的房子，没有名牌轿车，在社会交往中显得没有面子，但是在和畲族邻居接触的过程中，觉得他们尽管有不少积蓄（从沐尘水库搬迁过来的畲族，由于政府搬迁补贴，他们都有较高的积蓄)，但基本上用于必需品的购置，很少用于面子消费。因而，长时间的互嵌聚居中，他们不由自主地也受到了影响。这种朴素生活的影响也符合一部分居民的心理：他们经济条件一般，然而经常会由于社交环境所迫而进行奢侈消费，但他们内心却是不情愿的，因此他们就需要一种外来的理论依据或者是推动力，能够使他们既不必违心奢侈又能保持"面子"，从而可以将积蓄用于未来可能的刚需。于是，畲族邻居的"简朴观"恰逢时机，迎合了这一心理需求。可见，畲族相对更加从容简朴的生活方式和消费习惯，能够影响周围的人群，有助于社区实现从奢侈消费到低碳消费的转型，促进低碳城市的建设。

表 4　参照组与试验组的消费心理

		您买车的原因是什么？		
		周围很多人都买了	上班路途远，有车能节省时间	有车方便，可以驾车出去玩
A1 组（参照组）阳光小区单民族聚居的汉族	计数	21	3	9
	该组中的百分比	63.6%	9.1%	27.3%
B1 组（参照组）迁至浦山村单民族聚居的畲族	计数	4	21	8
	该组中的百分比	12.1%	63.6%	24.2%
A2 组（实验组）上夫岗村互嵌聚居的汉族	计数	8	11	14
	该组中的百分比	24.2%	33.3%	42.4%
B2 组（实验组）上夫岗村互嵌聚居的畲族	计数	4	19	10
	该组中的百分比	12.1%	57.6%	30.3%

资料来源：笔者根据调查问卷数据绘制。

（四）参照组与实验组的低碳行动意愿

针对低碳行动意愿，我们设置了两个问题。第一个问题是："平时的生活消费习惯能给您带来便利，但有一部分会与环境保护冲突，您愿意放弃吗，比如少开车，少用空调？"相应的选项根据意愿度，从低到高分别为"不愿意，这样做会牺牲现代生活质量与效率""愿意，但是具体落实的时候，还是不容易""愿意放弃"等三项。第二个问题是："您经常参加种树、清洁河流、捡扫垃圾等劳动吗？"相应的选项按照意愿度分别为"很愿意，经常参加""偶尔参加""不知道，没参加过""不愿意"等四项。

第一个问题通过考察是否愿意改变消费习惯来测试居民的低碳意愿。上文关于在公共场所的节能节水习惯问题主要是考察居民的公共意识和低碳自律，有别于此，该问题则未剔除经济因素，而侧重于考察居民是否能够为了减少碳排放而放弃更多的生活便利性。如表5所示，A1参照组和A2试验组相应的比例分别为42.4%、48.5%、9.1%和24.2%、48.5%、27.3%。对于实验组在"不愿意，这样做会牺牲现代生活质量与效率""愿意放弃"两个选项上与参照组的显著差异，我们从问卷数据上难以解释，对此，我们在入户访谈中做了进一步的调研。选择"愿意放弃"的被访者95%以上认为，放弃这些非刚性的消费习惯能省钱，但是他们更担心会在社会交往中显得"寒酸"，而在与畲族水库移民的交往中，他们发现，畲族邻居很少开空调（由于沐尘水库周围夏季很凉爽，不需要空调，因而他们没有养成进屋就开空调的习惯），其他方面也很节俭，与上文中的消费心理同理，他们从中找到了放弃某些现代生活习惯的"外来力量"。此外，有5%的被访者表示"他们对气候变化半信半疑，对低碳也不甚了解，但既然政府说了低碳生活，那就对照着做吧"。B1组和B2组在"愿意，但是具体落实的时候，还是不容易""愿意放弃"两个选项上有较显著的差异。

表5　参照组与实验组改变消费习惯以减少碳排放的意愿

		平时的生活消费习惯能给您带来便利，但有部分会与环境保护冲突，您愿意放弃吗，如少开车，少用空调？		
		不愿意，这样做会牺牲现代生活质量与效率	愿意，但是具体落实的时候，还是不容易	愿意放弃
A1组（参照组）阳光小区单民族聚居的汉族	计数	14	16	3
	该组中的百分比	42.4%	48.5%	9.1%
B1组（参照组）迁至浦山村单民族聚居的畲族	计数	3	17	13
	该组中的百分比	9.1%	51.5%	39.4%

		平时的生活消费习惯能给您带来便利，但有部分会与环境保护冲突，您愿意放弃吗，如少开车，少用空调？		
		不愿意，这样做会牺牲现代生活质量与效率	愿意，但是具体落实的时候，还是不容易	愿意放弃
A2 组（实验组）上夫岗村互嵌聚居的汉族	计数	8	16	9
	该组中的百分比	24.2%	48.5%	27.3%
B2 组（实验组）上夫岗村互嵌聚居的畲族	计数	2	9	22
	该组中的百分比	6.1%	27.3%	66.7%

资料来源：笔者根据调查问卷数据绘制。

该问题的四个选项可看作定序变量，笔者进行均值比较发现，参照组 A1 为 1.67，实验组 A2 为 2.03；B1 为 2.30，B2 为 2.61。实验组均值较参照组更高，卡方检验结果显示，P 为 0.001，实验组和参照组差异显著。入户访谈的结果可以进一步解释：畲族在水库移民后，基本上还保留了原来的简朴习惯，而在与汉族互嵌聚居中，对低碳发展有了更多的了解，因而他们绝大部分选择了愿意。值得深思的是，在问卷分析和入户访谈中，笔者发现，在对低碳有一定程度的了解之后，畲族较汉族居民对相关政策措施的认同度更高，并且通过日常生活的交流也影响了互嵌聚居的汉族居民。

需要指出的是，居民选择"不愿意，这样做会牺牲现代生活质量与效率"，并非意味着他们对环境和气候变化危机的淡漠，而是由于他们的认识还没有达到一定的程度。访谈中发现，他们从心里是愿意改变的，只是并没有直观地看到危机，觉得危机离自己很遥远，因而认为没有必要放弃自己的便利性消费。

设置第二个问题是为了考察居民是否愿意贡献一部分时间和精力用于社区的低碳建设，我们选择了与社区建设相关的种树、清洁河流和捡扫垃圾等集体义务劳动。如表 6 所示，A1 参照组和 A2 实验组在"很愿意，经常参加"选项上差异不显著，在"偶尔参加""不愿意"的选项上差异显著，表明实验组不愿意为低碳社区提供无偿劳动的居民相对更少。B1 参照组和 B2 参照组则在四个选项上的差异都非常显著：相应的比例分别是 3.0%、27.3%、60.6%、9.1% 和 42.4%、45.5%、9.1%、3.0%。

表6　参照组与实验组参加低碳社区建设义务劳动的意愿

		您经常参加义务的种树、清洁河流、捡扫垃圾等劳动吗？			
		很愿意，经常参加	偶尔参加	不知道，没参加过	不愿意
A1组（参照组）阳光小区单民族聚居的汉族	计数	10	12	3	8
	该组中的百分比	30.3%	36.4%	9.1%	24.2%
B1组（参照组）迁至浦山村单民族聚居的畲族	计数	1	9	20	3
	该组中的百分比	3.0%	27.3%	60.6%	9.1%
A2组（实验组）上夫岗村互嵌聚居的汉族	计数	11	16	3	3
	该组中的百分比	33.3%	48.5%	9.1%	9.1%
B2组（实验组）上夫岗村互嵌聚居的畲族	计数	14	15	3	1
	该组中的百分比	42.4%	45.5%	9.1%	3.0%

资料来源：笔者根据调查问卷数据绘制。

同理，鉴于该问题选项可以视为定序变量，笔者将A1、A2组以及B1、B2组进行均值比较发现，A1组为2.27，A2组为1.93；B1组为2.76，B2组为1.73。由卡方检验结果，P均为0，实验组与参照组的差异显著。对此，入户访谈的结果也给出了进一步的解释：参照组由于是单民族聚居，周围交往的对象都是从沐尘水库周围社区集体搬迁而来的邻居，对低碳概念了解不多，B1参照组有接近2/3的居民都不知道有这些活动，直接影响了其他选项（都不高）；而实验组由于是和当地对低碳建设已经有所了解的汉族居民互嵌聚居，在与对方交往的过程中，更多地获得相关的低碳建设信息，访谈中也得知，畲族居民更容易接受政府的低碳政策，选择第一、第二选项的比例显著高于参照组。

（五）民族地方性知识在族际交流过程中的传播

这部分主要是考察互嵌聚居是否更易于民族地方性知识的传播，从而对低碳发展有促进作用。因当地居民大部分保留了农业生产方式，我们设置了生产中普遍遇到的问题："平时在生产种植等农活中，需要除草和菜园杀虫等，对此，您是用化肥农药多，还是使用土办法多？"土办法施肥和防治病虫害在沐尘水库区的畲族居民中非常普及，设置该问题是考察搬迁后，畲族居民是否依然保留了地方性传统知识，并且在多大程度上影响与之互嵌聚居的汉族居民。相应的备选答案为"完全化肥农药""依靠土办法更多""化肥农药更多""完全土办法"等四个选项。

如表7所示，参照组A1和实验组A2选择"完全化肥农药"、"依靠土办法更多"、"化肥农药更多"以及"完全土办法"的比例分别为39.4%、15.2%、45.5%、0和6.1%、45.5%、45.5%、3.0%。可见，在与畲族移民互嵌聚居的社区，汉族居民完全使用化肥农药的比例大大低于单民族聚居的社区；相应的，依靠土办法更多的居民比例远远高于参照组，并且出现了少数完全依靠土办法的情况。参照组B1和实验组B2选择"完全化肥农药"、"依靠土办法更多"、"化肥农药更多"以及"完全土办法"的比例分别为0、69.7%、21.2%、9.1%和3.0%、57.6%、24.2%、15.2%。搬迁后单民族聚居的畲族和与汉族互嵌聚居的畲族都不同程度保留了原先的土办法施肥和防治病虫害等地方性传统知识。

表7　实验对象对地方性传统知识的保留和应用情况

		平时在生产种植等农活中，需要除草和菜园杀虫等，对此，您是用化肥农药多，还是使用土办法多？			
		完全化肥农药	依靠土办法更多	化肥农药更多	完全土办法
A1组（参照组）阳光小区单民族聚居的汉族	计数	13	5	15	0
	该组中的百分比	39.4%	15.2%	45.5%	0.0%
B1组（参照组）迁至浦山村单民族聚居的畲族	计数	0	23	7	3
	该组中的百分比	0.0%	69.7%	21.2%	9.1%
A2组（实验组）上夫岗村互嵌聚居的汉族	计数	2	15	15	1
	该组中的百分比	6.1%	45.5%	45.5%	3.0%
B2组（实验组）上夫岗村互嵌聚居的畲族	计数	1	19	8	5
	该组中的百分比	3.0%	57.6%	24.2%	15.2%

资料来源：笔者根据调查问卷数据绘制。

在入户访谈中了解到，居民们对绿色无公害都有所了解，迁入地的汉族居民一直希望用土办法来进行农业生产，但相应知识并不是很多，并且只有周围形成绿色生产的规模，土办法才能奏效（在一个农药防治病虫害占绝大部分的连片土地上，小规模的生物防治病虫害往往是无效的）。而在畲族居民迁入聚居后，使用土办法的规模明显扩大，他们的土办法很快就被周围的汉族效仿；此外，畲族居民也会图方便，使用一部分化肥农药。

在访谈中，畲族被访对象提到了地方性传统知识，如以烟草末或者烟丝防治地老虎，用大葱水喷治蚜虫等软体害虫及应对白粉病，用生姜滤液防治叶斑病和防治蚜虫、红蜘蛛和潜叶虫，等等。在他们的常识中，辣椒叶、西红柿叶、苦瓜叶都是防治虫害的生物原料。汉族居民也有不少相关知识，但畲族则更为丰富。最重要的是，汉族居民尽管掌握了某些传统知识，然而却很少应用，而是习惯性地运用现代杀虫剂和化肥施肥。在互嵌聚居的过程中，畲族频繁使用地方性传统知识来耕作的习惯，产生了溢出效应，带动了与之互嵌聚居的汉族居民，这些土办法的使用规模增大，生物防治病虫害效果增强，有助于生态农业的良性循环。

四　主要发现与政策建议

通过分析参照组和实验组，即水库移民后，单民族聚居与民族互嵌聚居社区的畲族、汉族居民间的低碳意识及其差异，并结合入户访谈的结果，可发现以下情况。

在迁入地，与畲族互嵌聚居的汉族，较其参照组（单民族聚居的汉族居民）的奢侈消费更低；而爱树护树、节水节能的保护大自然、节约资源的心理以及传统地方知识应用都要显著高出参照组；与此同时，与汉族互嵌型聚居的畲族，较单民族聚居的畲族掌握低碳知识相对更多，低碳意愿也更加显著。因此，本研究对于畲族自然崇拜心理以及族际交流对双方低碳意愿有提升作用的假设成立。畲族居民的自然崇拜心理具有跨族传导性，它通过族际交流，与汉族居民的知识结构相互影响，其结果促进了双方的环保理念和低碳意识的形成；并且畲族移民的自然崇拜心理及其传统地方性知识对于迁入地的低碳发展有溢出效应（见图1）。

鉴于上述结论，结合当地的低碳建设情况，以及入户访谈居民的反馈，

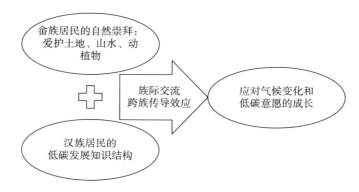

图1 畲族移民自然崇拜心理形成

提出下述建议。

（1）由上述各组研究对象对低碳知识的掌握状况，以及对当地低碳城市建设的理解程度可知，当地居民的低碳知识尚未普及，居民对低碳建设也未能有较深的理解。对此，可以开展定期和不定期的低碳知识和低碳生活小贴士等讲座。一方面可以进一步提高社区居民的低碳意识，另一方面则通过贴近生活生产的低碳知识指导他们的日常实践，使其从中受益，更多地投身于低碳城市建设的个人和集体行动中。

（2）本研究证实畲族居民的自然崇拜以及与汉族居民的族际交流很大程度上促进了双方低碳意识的形成，以及爱护自然、保护山水树木的向善特性得到了彰显和外溢。畲族居民勤俭、不攀比等朴素的生活理念，也带动了汉族居民趋向简朴生活，而同时与外界交往更多的汉族居民也给畲族居民带来了更多的有益信息。在低碳建设中，对少数民族文化心理的尊重，并且促进族际交流，不仅能够让居民了解低碳的知识，而且有助于推动他们从奢侈消费到低碳消费的转型。可见，加强不同民族、不同群体间的文化交流对于低碳建设是必要的。畲族和汉族互嵌聚居是一种有益的聚居方式，因而成为政府移民搬迁可以考虑的一种安置形式。

（3）互嵌聚居中，畲族保持并应用的民族地方性传统知识产生了重要的溢出效应，对当地的低碳城市建设有着积极的贡献。对此，政府机构可以发挥少数民族优秀传统文化的积极作用，有组织地保护、收集和整理当地不同民族的地方性传统知识，建立数据库，进行推广和应用，有助于促进当地的可持续发展和低碳城市建设的本地化。

（4）问卷和入户访谈均发现，居民的攀比和"面子消费"已是影响低碳生活的一大心理障碍，而畲族居民的自然崇拜及其引致的"简朴"的文化心理，使其相对更多地保留了我国传统文化中质朴的正能量。而这种正能量更需要回归至居民的生产和日常的生活起居以及社会交往中，以便使低碳意愿和传统文化有机融合，从而更从容地推动低碳城市建设以及应对气候变化的更多实践行动。

浅论在实施"兴边富民行动'十三五'规划"中需要关注的几个重要问题

马　豪　董雪鹰*

摘　要： 兴边富民行动旨在推动边疆发展、促进边疆稳定、维护边境安全，是国家维护边疆—内地协调发展的重要举措。"兴边富民"行动实施十五年以来，国家专项资金不断增加；经济效益明显提高，边民生活水平大幅改善，社会效益更加突出；边疆政治效益显著提升，边境地区日趋和谐稳定。在此良好的基础上，继续深入实施"兴边富民"行动就显得更加重要和必要。为保证"兴边富民行动'十三五'规划"顺利实施并取得更大的综合效益，边疆发展、民族团结和边疆巩固是需要引起持续聚焦并加以解决的几个重要问题。

关键词： 兴边富民　"十三五"规划　边疆发展　民族团结　边疆巩固

治国先治边，治边先富民。党的十八大以来，以习近平同志为核心的党中央对于边疆民族地区的繁荣发展以及团结稳定更加重视。近几年间，习近平总书记先后考察了内蒙古、新疆、云南等沿边省区，在考察时提出的一系列重要讲话精神，是推动边疆民族地区改革发展的理论指导和决策依据。2017 年 5 月，为推动边境地区的稳定发展，切实有效地改善和提高各族群众生活质量，并以此为基础引导各族群众不断增强"五个认同"，自觉维护民族团结、边防巩固和国家统一，国务院办公厅研究出台了《兴边富民行动"十三五"规划》（简称《规划》）。《规划》是深入推动"一带一

---

* 马豪，1984 年生，回族，云南鲁甸人，民族学博士，云南民族大学助理研究员，研究方向：马克思主义民族理论与政策、兴边富民、边疆政治等；董雪鹰，1992 年生，彝族，云南民族大学马克思主义民族理论与政策专业硕士，研究方向：少数民族文化保护与传承。

路"倡议、全面加强西部大开发、深入实施兴边富民行动的科学指导。

一 大力促进边疆发展是兴边富民行动的工作方向

"边疆"是相对于"内地"的概念，"边疆"是国家的"肌肤"，边境地区是维护国家安全的前沿阵地，边境的安全稳定是国家稳定的重要屏障。由此，边疆治理在国家治理的宏观体系和总体结构中占有举足轻重的重要地位。

首先，发展是"兴边富民"行动的首要任务。我国陆地边界与 14 个国家毗邻接壤，陆地边境线长 2.2 万公里，其中 1.9 万公里在民族地区，漫长的陆地边境线两侧分布着 30 多个跨境民族。实施兴边富民行动，就是坚持开放与共享的发展理念，大力促进边疆民族地区在经济、社会、自然环境和生态文明等方面的繁荣发展，逐步缩小不同地区之间、不同民族之间以及边疆和内地的发展差异，从而实现均衡协调发展的目标。并以此为基础，不断推进中西部地区的一体化发展进程，深层次地巩固"兴边、富民、强国、睦邻"这一战略形势。从这个意义上说，"兴边富民"行动的实质就是促进边疆民族地区的深入开发，促进边疆与内地的均衡协调发展，推动边疆—内地的一体化进程，在边疆发展的基础上实现边疆民族地区的和谐稳定。

其次，发展是睦邻友好的根本保障。现阶段，我国边疆地区整体呈现出"边"、"民"和"穷"三个最为显著的特点。从"边"来讲，我国陆地边境线特别漫长（2.2 万公里），地跨中亚、西亚、南亚和东南亚地区，漫长的边境线贯穿了多元民族、多元文化、多元宗教的区域，增添了边境地区的复杂性。随着"一带一路"倡议的深入推进，中国与周边国家和地区的合作逐渐深入，边疆民族地区是从东亚地区通往中亚、西亚、南亚和东南亚地区和欧洲的陆上必经的通道，已经建设形成了"亚欧大陆桥"的铁路枢纽，路上通道的形成民族地区参与国际合作、实现经济社会的跨越式发展迎来重要机遇①；从"民"上来讲，边疆地区在一定程度上等同于民族地区，这是因为我国少数民族地区主要分布在大约 1.9 万公里的边境线地区。在地理上，边疆民族地区与朝鲜、俄罗斯、蒙古国、哈萨克斯坦、巴

---

① 王正伟：《民族地区要在服务"一带一路"战略大局中大有作为》，《求是》2015 年第 14 期。

基斯坦、阿富汗、印度、缅甸、越南等 14 个国家和地区接壤，由于历史原因，形成了 30 多个跨界民族，是民族工作的薄弱环节以及敏感区域。从"穷"上来讲，由于自然和历史等原因，边疆地区与内地发展存在较大的差异，阻碍了边疆与内地的一体化进程，制约了国家的协调发展，是维护边境民族地区繁荣发展、和谐稳定的隐患之一。因此，应大力实施"兴边富民"行动，加快民族地区特别是西部民族地区的发展。

再次，发展是维护边疆民族地区和谐稳定的关键。"凡治国之道，必先富民。民富则易治也，民贫则难治也。……故治国常富，而乱国常贫。是以善为国者，必先富民，然后治之。"① 发展是时代的永恒主题，是解决一切问题的总钥匙。由于历史的原因，边疆民族地区有着特殊的民族宗教社会关系。边疆民族地区是一个民族关系敏感的地区，特别是 20 世纪 90 年代以来，随着苏联解体和东欧剧变，受世界第三波民族主义的影响，境内外反华排华的敌对势力一直居心叵测地挑拨边疆地区的民族关系，并企图利用宗教和民族问题颠覆我国党和政府的领导，从而实现分裂的险恶用心。正因为如此，在边疆民族地区的经济社会发展中，如果不能妥善处理好民族问题和宗教问题，则可能引发边疆民族地区的动荡，从而给境外反华排华势力以及国内的分裂分子以可乘之机，在边境民族地区人为地制造事端，扰乱中华民族伟大复兴的正常节奏。所以，边境民族地区的和谐稳定是中华民族和平崛起的首要保障，为了实现这个大局，继续实施"兴边富民"行动，继续加大力度推进民族地区经济社会的全面繁荣发展就势在必行了。

二 各民族团结和谐是兴边富民行动的社会基础

"民族团结是各族人民的生命线"②，民族团结与边疆繁荣是相辅相成的，边疆民族地区的发展必须依赖和谐稳定的社会环境，民族团结是促进边疆民族和谐稳定的关键因素。

第一，我国统一的多民族国家这一基本国情决定了做好民族工作、维护民族团结在国家建设中的重要性和必要性。兴边富民行动，其实施的区

---

① 袁行霈主编、孙中原解读《管子》，国家图书馆出版社，2017，第 303 页。
② 《习近平：民族团结是新疆各族人民的生命线》，人民网，http://politics.people.com.cn/n/2014/1010/c1001-25800399.html。

域，主要都位于边疆和民族地区，因此，做好民族团结工作，维护边疆和谐稳定，是实施"兴边富民"行动的客观要求和根本保障。"兴边富民"行动计划的实施，使边疆地区呈现出了经济发展、社会进步、民族团结、边境安宁、人民安居乐业的良好局面，得到边疆各族人民的支持和拥护，增进了人民群众对党和政府的信赖和感情。可以说，做好民族团结是兴边富民行动成功的基石。以云南为例，云南省是全国世居少数民族最多、特有少数民族最多、跨境民族最多、自治民族最多、民族自治地方最多的"五多"省份，云南少数民族人口居全国第二的省份，是祖国多民族大家庭的一个缩影。多年来，云南边境地区没有发生一起因民族问题引发的重大群体性事件，千里边防成为捍卫国家安全的一道牢固屏障。云南省作为全国"民族团结进步示范区"，以民族团结来实现边疆民族地区的和谐稳定提供了生动的范例，为进一步巩固和维护民族团结，提升"兴边富民"行动的政策实效，必须坚持做好民族团结工作。

第二，继续发挥民族区域自治制度的优势，促进边疆民族地区的和谐发展。民族区域自治制度是马克思主义民族理论与中国民族工作实情相结合的结晶，自贯彻实施以来，对于巩固和发展我国平等、团结、互助、和谐的社会主义民族关系，促进各民族共同团结进步、共同繁荣发展产生了不可替代的作用。在深入推进"兴边富民"行动的过程中，需要继续发挥这一制度的优势。

第三，要以边境地区发展为引领，铸牢中华民族共同体意识。"邓小平同志 1950 年 7 月 21 日在《关于西南少数民族问题》一文中指出'在这么长的边境上，居住的绝大多数是少数民族。少数民族问题解决得不好，国防问题就不可能解决好'，习近平总书记也强调：'处理好民族问题、做好民族工作，是关系祖国统一和边疆巩固的大事，是关系民族团结和社会稳定的大事，是关系国家长治久安和中华民族繁荣昌盛的大事'"[①]。在边境地区，一直以来，边民都是用脚来投票的，国境线两侧，哪边日子过得好人们就往哪边跑。只有经济社会发展了、生活水平改善了，中国的边民才会有自信心和自豪感，并在此基础上增强"五个认同"的意识，从而激发出

---

① 罗黎明：《加快边境地区发展　维护民族团结和边防稳固》，《人民政协报》2017 年 8 月 10 日第 8 版。

边境地区各族群众自觉投身于建设边疆和保卫边疆的责任心及使命感。近年来，在兴边富民、对口援助和精准扶贫等一系列振兴边疆政策的助推之下，边境民族地区在基础设施建设、民族文化发展、收入水平等方面都有巨大进步，各民族同胞的生活得到较大改善，边境民族地区经济社会得到了持续稳定的发展，比邻国的发展水平高出很多。边民物质生活和精神生活都得到巨大改善，边民的国家自豪感和国民自豪感自然提升，国家认同和民族认同显著增强，中华民族共同体意识得以进一步巩固和提升。

第四，在边疆民族地区，要坚持繁荣中华民族文化与弘扬爱国主义教育有机结合。一方面，要立足于中华民族文化"多元一体"格局这一根本特征，通过繁荣发展中华民族文化，构筑各民族共有的精神家园，巩固民族团结文化基础。另一方面，要在边境地区深入开展爱国主义和民族团结宣传教育，增强边境各族群众的国家和民族自豪感。民族团结教育工作具有规模大、时间长、层次性和系统性等特征，在具体实践过程中要立足受众的多元化和层次性，在做民族团结教育工作时，要坚持长期与短期结合起来，要有鲜明的层次意识。引导各民族群众不断交往、交流和交融，切实提升边境各族群众的同一性，不断增强他们的国家自豪感和国民荣誉感。

三 边疆巩固是兴边富民行动的主要目的

边疆富则边防固，边疆贫则边防弱。边境民族地区的发展事关边疆稳定、边防巩固、民族团结以及国家形象。

实施"兴边富民"行动，就是要加快边疆地区经济社会繁荣发展、维护各民族团结和谐、巩固祖国边防、维护国家统一、增进睦邻友好。边疆民族地区自然资源储备丰富、生态环境相对较好，是我国经济增长的稳定器和生态安全的缓冲区；漫长的边界线是维护国家安全的第一道防线，是国家的"皮肤"，广袤的边境地区是我国国防的重要屏障，其战略价值不言而喻。继续深入推进"兴边富民"行动，保证边境民族地区持续稳定健康发展，是整体上实现我国社会主义现代化建设的必经之路；同时，边疆民族地区的繁荣发展可以有效提升区域内各族群众的国家荣誉感和国民自豪感，激励各族群众自觉投入守土护边以及维护祖国领土完整统一的伟大事业中；边境民族地区的繁荣发展可以有效提升我国在周边国家和地区中的国家美誉度及国际影响力，巩固和提升中国的大国地位和形象，切实提升我国在参与全球治理、维护地区安全稳定事务中的主动权、主导权和话语权，从而深层次地维护国家的安全稳定。

边境安定是国家稳定的重要前提。加快边境地区发展是稳定边疆、巩固边防，以及维护边境地区民族团结的关键。随着当前党和政府持续加大对边疆地区的扶持，我国全面建成小康社会进入决胜阶段，"脱贫攻坚"战役已取得决定性成果，东西部地区发展渐趋均衡，边境各族群众的收入水平和生活质量得到实质性改善，边境各族群众基本上已经实现了"五通八有三达到"①。我国边疆民族地区的各族群众生活实现了由"量变到质变"的实质性改善，边境民族地区在基础设施建设、民族文化发展、增收创收等方面都有明显提升。随着中国持续实施发展边境的"兴边富民"行动，边境民族地区各族群众的"五个认同"意识将显著增强，中华民族共同体意识必将在边境民族地区各族群众心中得以持续提高。

结　语

党的十九大以来，党和国家更加重视边疆振兴与边民发展，在政治、经济等方面投入了更多的资源，边境民族地区将再次迎来重大的发展机遇。"兴边富民"行动要想在经济、政治、社会、文化和国际方面取得更大的效益，就要坚持以党的十九大精神为指导，在边境地区扎扎实实地访民情、聚民心、凝民智、保民安、惠民生、合民力、促民富、利民悦，把祖国的边疆建设成为团结之区、稳定之区、繁荣之区、睦邻之区，为实现中华民族伟大复兴的中国梦奠定坚实的基础②。

---

① 五通八有三达到，"五通"：通路、通电、通水、通广播电视、通电话网络。"八有"：行政村有合格村级组织活动场所；有合格卫生室和村医；自然村有宜居生活环境；户有抗震安居房；人均至少有一亩高稳产农田地；人均至少建成一亩经济作物；人均每年至少出售一头商品畜；每个劳动力有一门增收致富的劳动技能。"三达到"：贫困发生率下降到10%以内，农村常住居民人均可支配收入达到或超过所在县（市）平均，基本公共服务水平达到或超过所在县市平均水平。

② 余梓东：《在实施兴边富民行动中全面贯彻党的十九大精神》，中国社会科学网－政治学专题，http：//ex. cssn. cn/zzx/zzxzt_zzx/nx/sf/201808/t20180822_4547133_2. shtml。

农村社区葬礼中的礼物交换

——以晋北 Z 村为例*

苏晏尼**

摘　要：在我国农村社区中葬礼的内容和形式极具特色，且其作为重要的人生过渡仪礼，让死者的身份从混乱的状态中转换到"真正的死亡"的状态，因具有象征意义而发挥着特定的功能。在葬礼中，礼物的流动成为在世之人对死者追悼和维系人际关系的重要方式，促成了人与人之间横向关系的维持和再生。而随着社会转型和经济发展，在农村社区，构建和维系社会关系网络也成为人们普遍追求的价值目标，旨在分担或者转移可能面对的社会风险。本文中笔者以晋北的 Z 村为例，通过对多起事件的描述，分析了葬礼的流程、葬礼中礼物的内容、类型与社会功能以及促成葬礼中礼物流动的动力，进而论述了农村社区葬礼中礼物交换的重要意义。

关键词：葬礼　农村社区　礼物流动

一　研究背景

Z 村位于山西省 D 市最西北的角落，已经有些破败的长城从村北蜿蜒而过。明代时 Z 村是守关堡之一，长城外就是内蒙古自治区，和 A 嘎查相隔不远，近年来两地之间的马市才渐渐没落。Z 村历史悠久，文化传统兼容了两省的特色且至今保存完好，传统成为凝结起村落的重要纽带，其葬礼无

---

　　* 本研究获得 2017 年度国家社科基金重大项目"'一带一路'沿线各国民族志研究及数据库建设"的支持，项目编号 17ZDA155，特此致谢。

　　** 苏晏尼，中央民族大学民族学与社会学学院硕士研究生。

论是形式还是内容都受到了蒙古族文化的影响。同时，随着社会的变迁和发展，农村社区受此影响更加注重社会关系网络的构建，我国人情社会的特点在农村社区表现得尤其明显，因此越来越多的村民们通过礼物交换来构建社会网络以获取他人在经济、政治和社会上的支持。葬礼作为重要的人生仪式，意味着死者社会地位的正式消失，也寄托着在世之人的情感，葬礼上繁杂的仪式是中国农村社区的特点之一，这些制度化的仪式伴随着普遍存在的礼物的流动，村民们通过礼物交换达成回报人情、争取利益等目的。

国内外对农村社区葬礼中礼物的流动这一社会问题的关注从对礼物交换的关注开始，国外关于礼物流动的研究要明显早于国内，这也奠定了国外更为成熟的研究基础，但是国内社会对礼物交换的研究更有特色，更加有"本土"气息，中国复杂的人情社会和独特的文化传统，使得国内对农村社会葬礼中礼物交换的研究操作性更强。在西方学术界，从马尔塞·莫斯（Marcel Mauss）在《礼物》（*The Gift*）中对礼物交换及蕴含在礼物中的集体情感的研究，① 到马林诺夫斯基（Bronislaw Kaspar Malinowski，另作马凌诺夫斯基）在"人类学家进行的第一次有影响的田野工作"基础上提出的"库拉圈"，② 再到列维－斯特劳斯（Claude Levi-Strauss，另作莱维－斯特劳斯）③、波兰尼（Karl Polany）④、萨林斯（Marshall Sahlins）⑤，学者们从行为主义理论等多个角度对礼物交换展开了众多研究。而在我国学界，对礼物的研究多数与人情社会、构建社会资本等联系在一起，从费孝通先生在《乡土中国》中提到的差序格局为我国关于交换圈理论的研究奠定了基础，到阎云翔提出将礼物交换划分为交换性和工具性礼物⑥，再到杨美惠、尚会鹏、黄玉琴、黄鹏进等人进行的广泛的个案研究；当然还有我国

---

① 宋蜀华、白振声：《民族学理论与方法》，民族出版社，1998，第43～74页。
② 〔英〕马凌诺夫斯基：《西太平洋的航海者》，梁永佳、李明译，华夏出版社，2002，第107～108页。
③ 〔法〕克洛德·莱维－斯特劳斯：《结构人类学》，谢维扬、俞宣孟译，上海译文出版社，1999，第27～34页。
④ 〔英〕卡尔·波兰尼：《巨变：当代政治、经济的起源》，黄树民、石佳音、廖立文译，远流出版社，1999，第45～67页。
⑤ 〔美〕马歇尔·萨林斯：《石器时代经济学》，张经纬、郑少雄、张帆译，生活·读书·新知三联书店，2009，第154～186页。
⑥ 王婷婷：《礼物流动之间的虚与实》，《三味书屋》2017年第5期。

学者对过渡仪礼尤其是中国农村保留的葬礼传统的研究，都为后来学者对农村社区葬礼中礼物交换的研究奠定了基础。

我国对于礼物交换的研究虽然已经渗透进仪式甚至是过渡仪礼，如婚礼、葬礼、成人礼等领域，且以农村和城市为背景的均有涉及，但是多数学者选择的理论较为单一化，分析角度也鲜有创新。且多数研究中选取的案例过大或过小，不是选取一个地区后泛泛而谈，就是选取某地的某次过渡仪式进行研究，导致案例对结论的支撑都较为薄弱。笔者也选取了晋北一个村庄，但是通过深度访谈搜集了多家上礼内容及礼单（这里指上礼的一种——礼金的记录情况），且选取的访谈对象是村中人缘较好或地位较高的人，利于涵盖上礼的全部类型，并根据访谈记录整理了上礼的原因和动机，以此分析农村社区葬礼中礼物流动的特征、动机和功能等，同时关注到了 Z 村葬礼因其特殊地理位置而受到蒙古族传统文化的影响以及现代经济影响下农村社区中对人情往来的重视程度较之前有所改变，在为今后的相关研究提供可能的路径的同时，有助于构建互动更为和谐、更为良好的农村人际关系网，减少个人与社会的冲突，促进农村社区和谐发展。

二 葬礼中礼物流动过程

在 Z 村有关葬礼的传统习俗中，礼物扮演了重要的角色，村民送礼十分普遍，且一直延续至今。笔者在查阅了文献以及部分村民的礼单后，根据课题内容，通过对村里人缘较好或权力较大的村民 ZJY 等人（受邀次数多，社会网络广，上礼类型齐全）的访谈了解了 Z 村葬礼礼物流动的信息。

（一）Z 村葬礼的流程

Z 村葬礼共持续 7 天，有着一套固定的流程，每家每户都遵循着这一套程序，在葬礼中礼物的互相流动，成为 Z 村中重要的人情往来。

根据表 1 可以了解到，Z 村葬礼的过程可以总结为以下三个流程。

主家决定邀请对象以梳理和维系人际关系，主家在死者死后（有时甚至在其弥留之际）便开始梳理葬礼中邀请的对象，从亲属到好友，再到有利益关系的人都在邀请之列，受到邀请的人越多，证明主家的关系网越大，同时能够邀请到的声望较高或权势较大的人也越多，主家越显得有"面子"。

表1 Z村葬礼流程

第一天	男性亲属报丧	男性报丧亲属身穿白衣，戴麻辫，拿着丧棒亲自上门，把丧棒放在门外（不洁之物）	三天内烧纸钱 三天后每天烧"金银" 烧纸钱（礼钱第六天上，布料、纸钱、大供前三天上）	正式坐席前，主家没雇人，需要近亲挚友前来帮忙，为已经来吊唁的人做饭、在家门口搭棚子、拉电线等，为第五天开席做准备
	女性亲属缝制孝衣（女孝子头披蓝巾身着灰色，男孝子头上纯白身着灰色）			
	入殓	穿衣服、撒五谷（五谷由亲属和村里地位高的人送上，可以体现出主家的名声和人缘好坏）		
第二天	缝制孝衣			
第三天	破土；亲家女婿上大供（一家12个，主家回大供时，拿出收到的A家大供回给B家3个）	打墓 大供要放在棺材前面		
第四天	放棺材	缠红布		
第五天	安鼓	为鼓匠安排坐席位置、付钱等	总管负责	开席
第六天	上午	孝子取水，大女婿抱着遗像		
	中午	坐席		
	晚上	男孝子跟在鼓匠身后送灯，大女婿抱着遗像		
第七天	出殡（"打发"）（不允许女性亲属参与）	填土，大女婿撒引路钱，孝子怀揣大供"揣富贵"，回去时脱掉上衣，用衣服裹住大供夹在腋下，经过自家门口，孝子站在门外，将大供从街门扔进院子		

注：由蒙古族习俗演变而来的葬礼制度有女性近亲属在帮助主家缝制衣服时要自带九枚绣花针；坐席时的吃食中有蒙古族饮食元素；据报道人Z回忆，其爷爷葬礼中亲属戴孝时间为21天，随着村民和蒙古族的通婚，戴孝时间变为了现在的49天；"头七"之内近亲属尤其是子女不理发、不刮须；送殡时女性亲属不参与；搭建的棚子上有蓝天、白云等图案，挂有极具蒙古族特色的红黄蓝布条等。

客人决定如何随礼以及主家如何回礼构成了礼物流动的基本方式，客人会根据与主家的关系决定送礼方式和礼金多少，主家也会根据与客人的关系考虑是否回礼或回礼的方式。近期来看，葬礼上的回礼只是主家对下世之人女婿和亲家的回大供，而长远来看，主家的回礼还包括在今后客人家发生的重大事件或日常生活中。

葬礼的结束活动包括送灯和出殡，孝子从墓地回到家中将大供从街门外扔进自家院子后，即代表着一场葬礼落下帷幕，死者的社会地位也正式消失了。从此以后，死者只是作为"祖宗"存在于后辈的记忆中。在 Z 村，当死者的葬礼操办完毕，下世之人在世时的过错在村里其他人的脑海中都会被选择性地遗忘，很少有人再提起，因为这被看成对亡灵的不敬。

（二）Z 村葬礼中的礼物流动

Z 村葬礼中流动的礼物可以分为七种类型，分别在不同的环节送出或回礼，代表着不同的含义，但都能根据多寡和上礼人的身份显示出主家在村里的地位。

表 2　Z 村葬礼中流动着的礼物

送大供、回大供	大供即用笼屉做成的大馍馍，在村民眼中的地位极高，可以说它几乎参与了葬礼的全部流程，且隐含着主家"富贵"的含义，下世之人的棺材前是否摆放大供、摆放多少大供，都是村民用来直接评判操办葬礼的主家是否不忘传统、是否懂得礼数以及在村里人缘如何的标志 大供必须在下世前三天内由下世之人的亲家和女婿亲自做好然后送给主家，一家女婿和亲家给 12 个大供，前些年村里出现过买大供的情况，但无一不受到村里老人的指责，因此现在买大供送礼的情况已经在 Z 村销声匿迹了。大供送到后被摆放在死者的棺材前，女婿和亲家可以收到主家回的三个大供（这三个大供一般从其他女婿和亲家送来的大供中拿）
送布料	客人送给主家的布料多为孝衣添材，女性亲属从下世第一天即开始缝制孝衣，要在第二天前完成，如果孝子数量众多，整个家族的人都会加入其中。以前送布料的意义重大，因为布料甚至用钱买不来，需要用券来兑换，因此为主家送上布料可以解决燃眉之急，甚至有人会在送来布料后让自己家的女性帮助缝制孝衣以示两家关系亲近
送纸钱	有些客人为了表示亲近，会在上礼的时候送上纸钱，纸钱一般是客人自家叠好后带来，多用区上买来的黄纸对折几次或叠成元宝形状。这样的纸钱不同于主家在出殡时下世之人大女婿撒的引路钱，引路钱多为白色空心圆状，二者寄托的意义也有所不同

送五谷	葬礼的第一天要为下世之人入殓，即为死者穿好寿衣后将其装进棺材（有时家属在死者即将去世前就为其穿戴好了，既有担心死后身体僵硬不易穿衣的原因，也寄托着希望其可以在穿上寿衣后让黑白无常或孤魂野鬼以为早已经去世而躲过"勾魂"之意）。之后要在棺材周围撒上一圈五谷，寓意防止尸变和保佑子孙后代五谷丰登，五谷由亲属和村里地位高的人送上，可以体现出主家的名声和人缘好坏。LLH 一家行为不检，村里人形容他们"男盗女娼"，甚至早年 LLH 和有妇之夫在一起，被男方妻子在村口的电线杆上贴了大字报辱骂，因而 LLH 母亲下世时，村里没有人送上五谷，只能自家准备了一些，去草草完成这场虽然没有多少人观看但仍让人尴尬的仪式
上礼金、退礼金	Z 村参加葬礼的礼金根据关系远近有不同数额：远方亲戚 300 元，近亲 500～800 元，朋友 300 元，好友 500～800 元，其余根据个人原因有所不同。礼金的多少是在葬礼结束后几乎会为全村老少知晓的茶余饭后的谈资。如果主家将客人的礼金退回，则代表两家交往密切，彼此也极度感恩 礼金不同于白包，前者是"明面上"的，关系着客人在村里的名声和主家的地位，而后者则更多是客人额外送上的，就连事事俱到的总管也没有权利知道白包里的数额，但不大的村子几乎没有秘密，谁家活络着什么心思，村里的人总是能第一时间知道，因此白包一定程度上已经成为讨好领导的代名词
帮填土	填土时是雇不上人的，帮忙填土的人自带铁锹，因为村里有个不成文的规定：填土只能由德高望重的人或者亲戚孝子来完成。帮忙的外人越多，证明主家的人缘越好，越受到村里有威望的人的肯定，因此主家会为在葬礼上帮忙填土的外人在心里记下一笔大恩情，只待日后一有机会便给予更大的回报
做总管	总管由下世之人的近亲好友或村里头脑精明及地位较高的人担任，从葬礼的第五天起，总管便需要事无巨细地安排接下来三天的流程，包括收集和记录主家各子女提供的粮食为客人准备饭菜、收礼钱、收布、安排坐席饭菜样式和落座规则，如亲家和亲家坐在一起，不能长辈和晚辈坐在一起，否则乱了礼数，散席后记录剩下的烟酒数目，安鼓走街等

注：布料上的图案也体现了蒙汉两族文化交融的结果，从原来的仅绣有仙鹤等图案，现在同时绣有骏马、白云等图案，蕴含着蒙古族特色。

　　近几十年来，一代又一代子孙走向城镇，Z 村葬礼中的一些细节也在悄悄淡出村民的记忆。根据报道人 ZJY 的叙述，Z 村现在共剩下 25 户人家，除了东城墙附近住着的 JXK 一家（核心家庭）和村主任 GYC（联合家庭）一家，其他 23 户都是 65 岁以上行动不便且对故乡较为留恋的老人，他们的子女离家最近的也是在 Z 村所属的 X 区上，虽然车程只有一个小时，但是"子女们有自己的儿孙，只在逢年过节才能看到村里的孩子陆陆续续回来"。随着经济的发展，农村的青壮年劳动力流失，家庭结构的变化导致文化传承的代际功能弱化，社会单向流动让文化缺少着传承的主体，老人们将传统葬礼规则和禁忌传给儿女的机会几乎没有了，ZJY 的弟弟下葬时，连 ZJY

都对其中的个别风俗不甚了解，但是作为家族中唯一的老人，他还是承担起了弟弟丧葬的操办事宜。年轻人多缺少对葬礼仪式的敬畏之心，很难想象当村里剩下的老人们去世后，如何操办起一场真正的 Z 村葬礼。我们从中不难看出传统文化所面临的困境：农村社区作为传统文化的主要承载地，受到现代文化和市场经济的冲击，尤其是走出 Z 村的子孙们虽然保留着对故土和家乡文化的一份依恋，却处在对传统文化缺乏信赖也无法完全接受现代文化的尴尬境地中，这就导致传统文化对村落成员的规范功能和对村落共同体的整合功能发生了改变。

三　葬礼中礼物的类型

烧纸钱、送纸钱或五谷等都具有独特的象征意义，起着慰藉在世之人或维持秩序稳定等作用，而这些在 Z 村葬礼中流动着的礼物可以根据送礼的目的分为以下四种类型。

（一）血缘纽带和朋友型的上礼

血缘纽带和朋友型的上礼指因亲属或朋友关系而非涉及利益往来而导致的人情往来，这一类型的上礼中，血缘这一天然的联系贯穿着葬礼的全部流程，种类齐全且礼金较高，可以说，葬礼就是下世之人的亲属一手操办起来的，而参加葬礼的客人也以亲属为主，因而亲属们也为葬礼撑起了大部分的"门面"。受到邀请的亲属或朋友们即意味着处于死者礼物交换圈的较中心位置，这一层次中分布着血缘、友谊、权利、责任，意味着当其中一人需要帮助，其他人有更多的义务去施以援手。因此葬礼上，这一层次的客人往往上交更多的礼金或提供更多的帮助以显示自己的不同。

（二）回报型的上礼或退礼

回报型的上礼主要指客人因曾受到主家的恩惠和帮助而参加葬礼，一般选择做总管或帮填土的方式；也包括客人曾经对主家有恩因而主家将客人的礼钱退回以表两家关系亲近，这里的退礼是广义上的，不仅包括退回礼钱，还包括让客人做总管，因为成为总管代表其的"精细"和在村里的声望受到了主家的认可，在主家并不缺少帮忙的人手时，将做总管的重任交给谁便代表着主家认可谁，村里的人也会因而对这个人高看一眼。

（三）讨好型的上礼

讨好型的上礼多针对客人为了巴结主家而额外上礼以获取经济、政治等利益，其中白包的形式最为普遍，目的是通过上礼行为获取地位更高的主家的帮助。送白包是葬礼中宾客们心照不宣的环节，就连总管也不知道其具体金额。

（四）互惠型的上礼

互惠型的上礼是指主家和客人之间有着较深的利益纠葛，相较讨好型的上礼而言，二者之间的关系更为平等。

案例1：

表3　报道人ZJY2018年1月至2019年3月参加葬礼礼单汇总

参加婚礼/葬礼事由	上礼金额	是否帮忙	两家关系	礼物流动的类型
YFE下世	300元（退回）	否	媳妇娘家远房妹妹，ZJY免费给其打了一口棺材	ZJY的上礼属于血缘纽带型；主家的退回礼钱属于回报型的退礼
ZDY老婆下世	300元（退回）	否	本家远房叔，ZDY腿脚不好，曾多次在农忙时得到ZJY的帮助	ZJY的上礼属于血缘纽带型；主家的退回礼钱属于回报型的退礼
LSW老婆下世	800元	总管	LSW的儿子发病时曾被ZJY送去医院，因此双方成为多年朋友，ZJY儿女在城里上班，妻子多年前因病去世，LSW常邀ZJY去家中吃饭	朋友型的上礼
GCS下世	500元（退回）	总管	GCS是村主任GYC的父亲，FYC曾把村里能挣钱但受苦较少的营生（如打扫卫生、给小学看门等）分给ZJY，而ZJY也担任村干部	互惠型的上礼
ZSY下世	300元	否	本家远方弟弟	血缘纽带型的上礼

参加婚礼/葬礼事由	上礼金额	是否帮忙	两家关系	礼物流动的类型
ZFL 父亲下世	800 元	总管	ZJY 和其从小是朋友，ZJY 妻子与其妻子也是朋友，ZFL 与 ZJY 女儿 ZLL 是同窗好友，两家可以算世交，且 1994 年 ZFL 二叔曾托关系帮 ZLL 提前查到卫校考试分数	朋友型的上礼；也属于回报型的上礼
WSS 下世	800 元（退回，但未收到）、送大供	总管	WSS 是周吉玉儿媳 WLL 的父亲，吴家长子将礼金退还 ZJY，但 ZJY 因收到吴家长子要求给唢呐匠 800 元（WLL 只愿意给 700 元）而与儿媳妇有摩擦，因此退回的礼金被儿媳扣下	ZJY 的上礼属于血缘纽带型；主家的退回礼钱属于回报型的退礼（因为 WSS 一家在村里风评不好，村中声望较高的人中只有 ZJY 愿意帮忙操办）
YYX 下世	300 元	放灵时 ZJY 陪在 YYX 之子身旁，之后帮忙填土	妻子远房表弟，ZJY 妻子下世时，YYX 作为上任村主任曾帮忙填土和做总管，其子 YDK、YEK、YYL 逢年过节去 ZJY 家上门拜访，送一箱牛奶或者八宝粥	回报型的上礼
ZSH 下世	800 元	总管	二人是小学同学，初中肄业后一起学木匠手艺，ZSH 学艺不如 ZJY，但 ZJY 仍带其干活，并偶尔接济，后让 ZSH 儿子免费学艺	ZJY 的上礼属于朋友型；主家的退回礼钱属于回报型的退礼（ZSH 为人正直，人缘极好且家族人口较多，总管并不空缺，但是 ZSH 的儿子感恩 ZJY 是自己的师父且对自家多有帮助，让 ZJY 当了总管）
ZGH 母亲下世	300 元	填土	ZJY 曾因无偿帮助 ZGH 哥哥"打圈"（做栅栏）导致脚部骨折，ZGH 掌管村里慈善基金会后，主动四次邀请 ZJY 去基金会捐钱建的食堂吃饭，该食堂给孤寡老人和残疾人提供免费的午饭，ZJY 知道虽然自己也够了标准，但毕竟自己子女只是不在身边，"村里也有和我条件一样的，都没去成"，因此很感谢 ZGH	回报型的上礼

参加婚礼/葬礼事由	上礼金额	是否帮忙	两家关系	礼物流动的类型
ZLP 母亲下世	500 元	填土	ZLP 是 ZJY 小女儿 ZLL 十几年的好友，且 ZLL 的女儿幼时曾被 P 母亲帮忙照顾了三个月	朋友型上礼；也属于回报型上礼

注：1. Z 村参加葬礼的礼金根据关系远近有不同数额：远房亲戚 300 元，近亲 500～800 元，朋友 300 元，好友 500～800 元，其余根据个人原因有所不同。这样的现象被有些学者称为依据伦理因素形成的礼单中的差序格局（刘小峰：《礼单中的差序格局——基于一个农户礼单账册的调查》，《中国农村观察》2018 年第 5 期）。

2. 根据报道人要求，村民的名字均采用其姓名的缩写。

案例 2：Z 村有 20～30 户"养大车"（拉煤车司机，甚至有人自家买下了大车）的人家，十几年间形成了三五个"帮派"。每辆车有两人跟车，可以相互照应。其中 ZSS 和 ZLK 是远房连襟，ZLK 和 ZSS 本就是一个"帮派"，加之经常一起跑车（ZSS 开车技术熟练，ZLK 买了一辆二手大车），来往密切。与他们经常一起吃酒的还包括前几年上任的村主任 GYC。ZSS 父亲去世时，ZLK 帮忙填土，GYC 父亲去世时，二人也去帮忙照顾客人，虽然其中不乏 GYC 是村主任的缘故，但主要原因还是三人有共同的利益。因此 ZSS 在 ZLK 父亲出殡时帮忙填土属于回报型的上礼；而在 GYC 父亲葬礼上 ZSS 和 ZLK 二人自发帮忙照顾客人不仅属于讨好型上礼，也属于互惠型上礼。

案例 3：（本案例由 ZJY 提供）ZJY 曾在村主任 G 父亲的葬礼上担任总管，其称坐席当天，本与 GYC 家前些年没有人情往来的 MED 等人也来上礼，ZJJ 还带来了一块布料（只有在关系极为亲近要好的两家之间才会在葬礼中为对方送上布料），ZFS 则带来了一大袋纸钱（纸钱多为亲戚供上），甚至 LSX 等人在总管处交了一份礼钱，又单独给了 GYC 一个厚实的白包，这样的礼包是不会被记录在礼单上的。MED 等人的送礼行为是十分典型的讨好型上礼，这种情况村里虽然屡见不鲜，但仍为人所不齿。

案例 4：ZFL 父亲的葬礼上，因为 ZFL 及其姊妹都事业有成，ZFL 的丈夫更是 D 市 W 裤业集团的总裁，因此到了坐席时间许多人不请自来。其中 ZQL 因一直在 W 裤业从事会计工作，上礼高达 800 元（村里懂人情往来的老人 ZJY 和 ZJJ 说，800 元礼金在葬礼上已经是最高级别了，超过 800 元会让主家最亲近的亲戚和朋友脸上无光，当然如果有人想多给一些，就只能以另外封包的方式上礼，这样的封包即使是总管也不能拆开，更不会被记录在礼单上，因为这是两家人最私密不过的事了）。虽然 ZQL 是由 ZFL 的丈夫介绍进入公司从事财务工作的，但是 ZQL 的业务水平较高，为 ZFL 公司解决了不少问题，甚至身为会计还可以兼职审计的营生，为公司减少了用人成本，因此笔者将他们两家的关系归为互惠型上礼。

案例 5：RXQ 是 D 市 C 房地产公司的总经理，LTY 女儿上 D 市二中即是 RXQ 托人要到的指标，JXN 的大儿子当兵也是 RXQ 帮忙，甚至后来 JXN 在 RXQ 名下一家证券公司入股 10 万元一年分红 20 万元。EXQ 父亲下世时，LTY 和 JXN 分别上了两袋纸钱和 800 元礼钱。虽然 LTY 一直帮 RXQ 免费打扫屋子和看护车库，JXN 也能靠丈夫（矿长助理）的关系为 RXQ 介绍客户，三人经常一起聚会，看似是关系较亲密且彼此平等的好友，但实际 RXQ 的权势和财富决定了 LTY 和 JXN 不得不三番五次找她帮忙，甚至私下里对其他朋友说 RXQ 的不是。因此，笔者将 LTY、JXN 二人的上礼行为归为以讨好型为主、有朋友型在内的上礼。

案例 6：

表 4　GYC（村主任）父亲葬礼上几个特殊的案例（本案例由总管 ZJY 提供）

ZFS	礼金 800 元、两袋纸钱	ZFS 多年前自己买了一辆面包车，跑从村里到市里的路，自从村里的孩子在城里站住脚后，几乎家家有车，所以 ZFS 主要的收入来源是把村里的老人送到 X 区买些日常用品，中午再接回村里。但 GYC 在村里开了一家小卖部，且区里让整顿黑车，因此 ZFS 的生意举步维艰	
MED	礼金 500 元	双方在 GYC 担任村主任前多年没有往来，因为 MED 的父亲是村里的赤脚医生，曾经和 GYC 下世的父亲因为几元钱有过摩擦。MED 父亲的葬礼也未邀请 GYC 一家，但这次 MED 一家不请自来	讨好型送礼
ZJJ	礼金 500 元、一块布料	ZJJ 姐姐想要回村东的田地时需要村主任盖章，出具证明	
LSX	礼金 500 元、单独上礼一个封包（这样的封包是不会被记录在礼单上的）		

在《社会理论的基础》中，科尔曼提出了建立在理性选择理论基础之上的法人行动理论，他认为，社会中的人都占有一定的资源，这些资源可使行动者获得某种行动的权利。从他的理论中可以发现，行动者有两个特征：控制着资源、对资源感兴趣。Z村葬礼中的主家和客人便是科尔曼所说的"理性人"，依据自己的利益偏好，用自己所掌控的社会资源从事着社会经济活动。从上文的案例中可以发现，礼物的流动中包含着较为直接的目的性，或是为了"义不过"的亲戚或朋友关系，或是为了报恩，或是为了获得更多的利益。但四种类型是互相交叉的，因为目的往往是多样性的，亲戚之间也可以因为受过主家恩惠或为了讨好有权势的主家而上更体面的礼。即Z村葬礼中礼物流动的内容和类型虽然多样，但是都具有很强的目的性，无论是客人还是主家都想要从上礼行为中获益。Z村葬礼中出现的回报型的上礼和退礼依据科尔曼的理论，属于"有恩必报"式的转让型承诺，而讨好型上礼则是地位高的行动者给予向自己表示尊敬的人以帮助，或是其在让其他行动者获利的集体行动中发挥重要的作用。

我们也不难发现，随着经济的发展，农民在构建社会资本上的消费心理和行为也发生了改变，社会资本的构建是一个理性选择的过程。人情往来是对时间、地点和人物精心挑选之后的结果。这样的改变主要表现在上礼的货币化和金额的逐年增长、社会网络扩大以及上礼的目的性增强。在隐形的投资背后，人们已经更少地在意人情往来的收支是否可以基本保持平衡，即金钱的收回已经在上礼回礼所将带来的社会资本的构建和维护以及在社会网络中的收益的衬托下，显得不再那么重要了。

四　礼物流动的社会功能

（一）葬礼中送礼与回礼现象背后的动力

在Z村，人们追求的更多是不同于夸富宴一样的"对称的互惠"，其中的血缘纽带型上礼是典型的"义务性送礼、义务性接受和义务性的回赠礼物"。迫使人们进行礼物交换的主要原因是社会，社会需要这种互惠型制度，以保证社会活动的进行和社会规范的建立。基本上所有的礼物交换行为都是为了建立某种社会关系，都是为了参与社会活动。交换是社会网络建立的基本要素。从事交换的个体实际上代表着社会或群体的道德准则，个体间的交换活动按社会规则进行，同时也在强化着这些规则，"正是群体而不是个人进行着交换，订出契约，并受义务的约束"。[①]

1. 文化背景的支持和道德原则的约束

Z村地处山西省北部，蜿蜒的明长城遗址将Z村和内蒙古自治区分开，文化底蕴深厚，受儒家思想影响较深，重视礼节，知恩图报，但同时细节之处也受到蒙古族传统文化的影响。村民受到这样的文化环境的耳濡目染以及其对村民行为的约束形成了葬礼中礼物流动特定规则的重要原因。

2. 约定成俗的礼节

在Z村，参加葬礼上礼有着较为严格的要求，如上文中提到的上礼钱时，远房亲戚300元，近亲500~800元，朋友300元，好友500~800元，其余根据个人原因有所不同；而大供只能由亲家和女婿提供，并且主家要回礼三个大供；出殡时帮忙填土的外人只能是村里有威望的人，否则其他非死者亲属的且地位不甚高的人一旦参与填土则会染上背运等，这些约定成俗的礼节都强有力地将村子连接在一起，村民们根据礼物的流动构建或加强自己的关系网络。

3. 内心情感的满足

上礼不仅代表着主家的声望，也决定了他人对上礼客人的评价："是否知好赖""忘不忘本"等。因此葬礼上送出的礼物（或是金钱，或是人力，或是谷物等象征物）归根结底是为了使送礼者内心情感得到满足，或是满足"人情"，或是满足"面子"。虽然上礼可以在一定程度上显示出客人对主家或亲近或感恩的情感，但有时也是因为受到传统习俗和社会道德约束而做出的为了给他人看的行为，如因害怕他人指责忘恩负义而为曾经帮助过自己的人上更高的礼等。

4. 想要获得更多的利益

为了满足"面子"而做出的上礼行为也可以归在想要获得更多的利益一类中，利益不仅包括金钱的获得，也包括社会声望的获得，因为文化背景的支持，知恩图报、不忘根本的人会在村里获得极高的社会地位，因而这类不只是讨好型的上礼。

---

① 夏建中：《文化人类学理论学派》，中国人民大学出版社，2006，第56~78页。

（二）Z村葬礼中礼物流动的功能和机制

葬礼本身通过孝子、姻亲等群体的结群，发挥着缓解和消除主家对亲人去世的紧张感、恐惧感，提供让社会网络扩大或缩小以重新构建或加强，以及维护家族声誉加强家族团结的重要作用。虽然在葬礼的流程中很难看到流动的礼物到底在农村社会中发挥了怎样的作用和礼物流动的平级性或上下级性等特征，但是上文通过对案例的分析，了解了送礼或回礼"背后的故事"，不难发现礼物流动的各种功能及其特性。

1. Z村葬礼中礼物流动的功能

（1）构建社会资本的重要助力

礼物的流动与乡村社会网络的构建密不可分，可以说中国农村社区就是以礼物的交换为重点建立起来的，体现着人情社会的特征，送礼者的行为虽然随着经济社会的发展越来越趋于理性，但是仍然受到道义的支配。依靠礼物交换构建的社会资本，不仅包括政治方面的也包括社会方面的支持，村民们以礼物的流动换取政治上的倾斜和特殊资源的互换，资源得到互补的同时，人情也得到了滋养。

（2）经济功能

在Z村，操办一场完整且体面的葬礼需要花费主家大量的经济成本，而家庭为此付出的成本的收回主要就是通过受邀客人的上礼，虽然这场葬礼之前或之后，主家也会为参加客人的葬礼而付出，但葬礼花费数额较大，一次性的支出相较于不定期分次支出而言对家庭经济的影响更大，因此此时客人的上礼尤其是礼金和白包就发挥了重要的作用。"通过赠礼，双方获得经济发展的信息、资金、技术、模式的共享，对双方的经济结构、收入、分配产生重大影响。"

2. Z村葬礼中礼物流动的机制

（1）礼物流动受到时间、空间及上礼之人身份的三重限制

上礼除了礼金也包括帮忙或送五谷等内容，这些内容不仅受到时间的限制，也受到空间的制约，在葬礼的流程中有着明确的定位，时间和空间都不能出错，甚至也受着上礼人自身身份的限制。在上文记叙Z村葬礼的具体流程时已经提到上礼各项内容具体的时间和空间，例如上礼金的时间必须是在葬礼的第六天中午坐席时、送布料必须在主家缝制好孝衣之前（送布料是在

20 世纪 60 年代兴起的，当时送布料比上礼金更为贵重，因此客人为主家送上布料就显得尤为重视两家的关系，延续到现在，虽然布料已经不再像以前一样具有那么高的经济价值，但是在 Z 村仍然具有重要的意义）；而帮忙填土的人必须是村中德高望重的人，且多为年纪较长的人、送大供的只能是下世之人的亲家和女婿等，都体现着礼物的流动受到了三重限制，而这三方面的限制缺一不可，否则表示亲近的上礼行为便会引发两家的矛盾。

（2）上礼的差异性代表着与主家关系的亲疏远近

礼物流动的规则体现着客人与主家的关系如何，正如上文中提到的，在 Z 村，下世之人或其近亲的普通朋友参加葬礼时上 300 元礼金即可，好友却除了要上 500～800 元的礼金，还要为主家带上一些纸钱或布料等。反之，上礼也是客人维系或意图构建与主家关系的重要方式，似乎在葬礼这样重要的人生仪式上，大家潜意识中认为维系人际关系或讨好以建立人情网络较之平时更加名正言顺了。

（3）礼物流动的非制度化和灵活性

在 Z 村的葬礼上，虽然礼物的流动已经形成了较为固定的原则，但是其中有着非制度化和灵活性的部分，但是这样的灵活变动是以礼金规则的绝对化为前提的。即如身为好友在参加葬礼时上的礼金必须是 500～800 元，没有人会打破这一规则，因为无论是上比这一原则更低还是更多的礼金，都意味着将会受到村里人的指责和造成其他人难堪。

（4）相较饮食等其他方面受蒙古族文化影响较小

通过上文对 Z 村葬礼流程和内容等方面的详细阐述不难发现，蒙古族文化对 Z 村葬礼仪式的影响较小，且都体现在细微的改变上，如女性近亲属需要在帮忙缝制孝服时自带绣花针、搭建的棚子上有红蓝白等颜色的布条和蓝天白云等图案、寿衣上有骏马的样式、祭祀用的纸马、妇人不参加送殡等，但是总体流程以及土葬的形式没有大的改变，这和蒙古族一直以来推崇野葬等形式有关，且 Z 村一直以来都从事农业生产活动，因此撒五谷等活动仍被保留了下来。

结　论

本文发现礼物流动的非制度化和灵活性的前提是坚持一定的原则；提

出礼物的流动不仅受到时间、空间的限制，也受到上礼人身份的限制；同时发现上礼不仅包括礼金，也包括白包、做总管等。以往的相关研究都是描述一个地方的一个人，或者一场过渡仪礼，但是本文选取了一个地方多个人的礼单（特指礼金支出记录）和上礼情况，并且描述了上礼"背后的故事"；描述的回礼并不只限于短期的在葬礼中的回礼（回大供），也描述了长期的客人上礼的原因，以此有助于发现礼物流动的动力、特征和功能。

当然研究也存在着诸多不足之处，如没有记述到在长期回礼中主家和客人身份互换的葬礼礼物的流动情况；且在对参加葬礼所得的利益的描述上有些不清晰；对于当地居民和蒙古族的互动没有提及；同时农村社区葬礼中的礼物流动被选为本文的研究主题，一部分原因是社会转型和经济发展使得农村社区更加重视人情往来，但是文中却没有对变迁进行进一步的叙述，且严格的义务会引发私下或公开的社会冲突；文中提到虽然研究礼物交换有助于构建更和谐的农村社区，但是没有更多地对如何引发冲突以及引发什么样的冲突进行分析。

总体来说，随着社会经济的发展，渐行渐远的乡土人情使得人情与农民关系网成为学者们关注的课题。葬礼作为重要的过渡仪式，其中普遍存在的礼物流动成为葬礼上的一大特色，成为沟通人与人之间交往的桥梁，与人情、面子甚至是利益都紧紧地联系在一起。而Z村正是依靠这些凝结在葬礼中的流动着的礼物一次又一次地消解或平衡社会冲突，社会规范影响着礼物流动的同时，礼物的流动又不断地通过构建和强化社会规范维系Z村社会的稳定和团结。

当然，随着经济的发展，外来文化和本土文化的不断激荡以及年轻人离开村落，Z村包括葬礼中礼物流动机制在内的传统文化也不可避免地受到冲击，但是我们可以通过上礼趋向货币化等看到传统正在努力适应环境的改变进而继续维系村落的规范和平衡，之后Z村文化如何继承和发展值得深思。

世界民族问题与理论政策

非洲民族研究的"新面向"[*]

——以埃塞俄比亚民族联邦制和民族关系"变局"为例

施　琳[**]

摘　要：由于复杂的民族结构和社会历史原因，非洲各国逐渐形成了多种特色鲜明的民族治理模式，埃塞俄比亚的"民族联邦制"就是其中富有典型意义的案例之一。本文从埃塞俄比亚的民族多样性特点与民族自治地方基本情况谈起，分析了埃塞"民族联邦制"的重要特点，进而追踪了2013 年以来埃塞民族关系中出现的新矛盾与新问题，尝试厘清"后梅莱斯时期"民族关系发展的新趋向。本文认为，埃塞俄比亚案例可以折射出现阶段非洲民族研究中的一些重要"新面向"，集中体现于新的资料基础、新的关注焦点与新的研究视角等方面。

关键词：非洲　民族　埃塞俄比亚　新面向

非洲大陆是人类起源地，种族、民族数量繁多，其民族现象的特殊性、复杂性和变化性异常突出，而民族问题亦对非洲国家的政治、经济和社会稳定产生重大影响。在长期殖民统治等复杂社会历史背景下，非洲国家逐渐形成了多种民族治理模式，涉及国家如何认识和界定"民族"范畴、如何从法律上确立各民族地位、设计何种政治体制、采取何种政策措施等多方面内容。这些民族治理模式不仅在指导思想、内涵和特点方面差异显著，而且效果各异——有的能够发挥和谐融洽族群关系的积极作用，有的反而

---

　[*]　本文为 2019 年度国家社科基金冷门"绝学"和国别史等研究专项"'非洲之角'国家边界和跨境民族档案文献的整理、译介研究"之阶段性成果（项目批准号：19VJX063）。

[**]　施琳，中央民族大学民族学与社会学学院教授，博士生导师，人类学教研室主任，研究方向为经济人类学与世界民族发展研究。

会引起摩擦和冲突等不良效果，正因如此，在非洲国家的民族治理与民族关系领域，亟待开展深度案例研究和比较分析。

埃塞俄比亚（以下简称埃塞）具有突出的民族多样性特点，其当前所实行的"民族联邦制"是非洲民族治理模式的典型代表之一，有重要的研究价值。本文从埃塞的民族多样性和民族自治地方基本情况谈起，分析了埃塞"民族联邦制"重要特点，进而重点关注了 2013 年以来埃塞民族关系当中出现的新矛盾与新问题，尝试从多侧面分析在"后梅莱斯时期"，埃塞民族关系发展的新趋向。透过埃塞民族案例，我们可以思考并概括出现阶段非洲民族研究显现的一些重要"新面向"，集中表现于新的资料基础、新的关注焦点与新的研究视角等方面。

一　埃塞的民族多样性与民族自治地方

（一）埃塞俄比亚：非洲"民族博物馆"

埃塞全称"埃塞俄比亚联邦民主共和国"，人口 1.05 亿，是仅次于尼日利亚的非洲第二人口大国，并且是非洲罕见的未受西方殖民统治的国家，以及非洲统一组织（目前的非盟总部）所在地，从人口规模和政治影响上都堪称非洲大国。埃塞有着 3000 多年的文明史，自古以来就是多民族、多语言、多宗教信仰和多元文化的国家，素有"民族博物馆"之称。获得官方识别和承认的民族达 85 个，是名副其实的"少数民族国度"，民族多样性极为突出。

埃塞全国有 80 多个民族，人口排名靠前的为奥罗莫族、阿姆哈拉族、索马里族和提格雷族。但是，埃塞没有一个民族的人口数量占绝对多数，人口最多的奥罗莫族人口占 34.49%，第二大民族阿姆哈拉族占 26.89%，排名全国第 10 的加莫族人口仅占 1.5%，全国有几十个"小少"民族，很多小民族的人口数量在全国人口中占比只有 0.01% ~ 0.5%，所以埃塞会出现 70 多个民族人口总和仅占全国人口 11% 的情况。

表 1　埃塞民族构成简表

民族	人口数量（万）	占国内人口比率（%）
奥罗莫族	2548.9	34.49

民族	人口数量（万）	占国内人口比率（%）
阿姆哈拉族	1987	26.89
索马里族	458.1	6.2
提格雷族	448.3	6.07
锡达莫族	296.6	4.01
古拉吉族	186.7	2.53
沃莱塔族	170.7	2.31
哈迪耶族	128.4	1.74
阿法尔族	127.6	1.73
加莫族	110.7	1.5
卡费科族	87	1.18
其他（74 个民族）	927.5	11

* 埃塞俄比亚每 10 年举行一次全国人口普查，其统计数据公认为较权威。时间最近的一次人口普查应于 2017 年举行，但由于诸多原因，一延再延，迄今为止大部分重要的民族人口统计数据并没有更新。因此，本表中的各民族人口数字，仍根据 2007 年埃塞俄比亚人口普查统计数据整理。根据估算，2017 年的统计数据各族人口有所上升，但各民族占国内人口的基本比例没有显著变化。

（二）埃塞民族区域自治：分布构成与层级体系

20 世纪 90 年代中期以来，埃塞根据民族人口聚居和分布情况，将全国政区划分为奥罗莫州、阿姆哈拉州、索马里州、提格雷州、阿法尔州、南方诸民族州、甘贝拉州、哈拉尔州和本尚古勒 – 古穆兹州 9 个民族自治州，以及亚的斯亚贝巴和迪雷达瓦 2 个特别自治市，并且以法律和行政区划的方式，明确推行和保护"民族区域自治"。埃塞 11 个民族州构成了其民族区域自治制度的重要基础，并且各民族州在民族构成、宗教信仰、语言使用方面特点各异①，具体情况如下。

亚的斯亚贝巴（Addis Ababa）包括 6 个行政区 28 个沃瑞达。作为国家首都和埃塞最大城市，尽管人口数量上有差异，但埃塞的所有民族都可以在亚的斯亚贝巴找到，其中，阿姆哈拉族占 48.35%，奥罗莫族占 19.2%，古拉吉族占 17.5%，提格雷族占 7.6%，其他民族约占 7.4%。

---

① 本部分所介绍的埃塞各民族州民族构成等基本情况，均来源于埃塞俄比亚政府网站（http://www.ethiopia.gov.et）所公布的权威统计数据，本尚古勒 – 古穆兹州和甘贝拉州还参考了维基百科公布的最新数据。

宗教信仰情况是东正教徒占 82%，穆斯林占 12.7%，新教徒占 3.9%，天主教徒占 0.8%，以及其他宗教信徒占 0.6%。首都地区使用阿姆哈拉语为工作语言。

阿法尔州（Afar）由 5 个行政区组成，包括 29 个沃瑞达和 28 个市镇。民族构成情况是阿法尔族占 91.8%，阿姆哈拉族占 4.5%，阿尔戈巴族占 0.92%，提格雷族占 0.82%，奥罗莫族占 0.7%，沃莱塔族占 0.45%，哈迪亚族占 0.013%。该州 96% 的人口是穆斯林，3.86% 为东正教徒，0.43% 为新教徒，还有 0.09% 的天主教徒。阿法尔州 90.8% 的人口使用阿法尔瑞格纳语，其他语言包括阿姆哈拉语为 6.68%，蒂格里尼亚语为 0.74% 和奥罗米法语为 0.68% 等。

阿姆哈拉州（Amhara）由 10 个行政区和 1 个特别行政区组成，包括 105 个沃瑞达和 78 个城市中心。民族构成情况，绝大部分人口是阿姆哈拉族，约占 91%；此外，其他民族有奥罗莫族（3%）、阿格维族（2.7%）、科芒特族（1.2%）等。阿姆哈拉州 81.5% 的人口是东正教徒，18.1% 是穆斯林，0.1% 是新教徒。该州主要使用阿姆哈拉语，这也是埃塞俄比亚联邦的官方语言和工作语言。

本尚古勒－古穆兹州（Benishangul-Gumuz）86.5% 的人口居住在乡村地区，仅有 13.5% 属于城镇。主要民族包括贝尔塔族（25.41%）、阿姆哈拉族（21.69%）、古穆兹族（20.88%）、奥罗莫族（13.55%）、辛那沙族（7.73%）、阿格－阿维族（4.22%）等。该州 44.98% 的人口为穆斯林，33.3% 信仰东正教，13.53% 为清教徒，7.09% 信仰传统宗教。在语言使用方面，贝尔塔语占 25.15%，阿姆哈拉语占 22.46%，古穆兹语占 20.59%，奥罗莫语占 17.69%，辛那沙语占 4.58%，阿维格尼语占 4.01%。

迪雷达瓦行政理事会（Dire Dawa Administrative Council）涵盖迪雷达瓦市及其周边农村地区，没有划分行政区，只设一个沃瑞达。迪雷达瓦 48% 的人口为奥罗莫族，27.7% 为阿姆哈拉族，13.9% 为索马里族，4.5% 为古拉吉族以及 5.9% 的其他小民族。宗教信仰方面，63.2% 为穆斯林，23.5% 为东正教，1.5% 为新教，0.7% 为天主教，0.1% 信仰其他宗教。阿姆哈拉语是迪雷达瓦行政理事会的官方语言。

甘贝拉州（Gambela）74.63% 的人口分布于乡村地区，25.37% 的人口居住于城镇，主要民族是尼罗语系的民族，包括努尔人（46.66%）、阿努卡族（21.16%）、莫占格族（4%）；奥莫提克语系的卡费族（5.04%）、沙卡族（2.27%）；亚非语系的阿姆哈拉族（8.42%）、奥罗莫族（4.83%）、坎巴塔族（1.44%）、提格雷族（1.32%）；以及其他主要来自埃塞南部地区的少数民族（4.86%）。甘贝拉州70.1%的人口为新教徒，16.8%信仰东正教，4.9%为穆斯林，3.8%信仰传统宗教，3.4%信仰天主教。在语言使用方面，阿姆哈拉语是该地区的工作语言。但是，48.35%的人口第一语言是努尔语，22.02%说阿努卡语，11.11%使用阿姆哈拉语，4.85%使用阿法尔－奥罗莫语，4.65%说卡法语，2.48%说沙卡语，1.47%说坎巴塔语。

哈拉尔州（Harari）没有下设行政区或沃瑞达，而是直接设有19个城市科贝利和17个农村联合会。民族构成，奥罗莫族52.3%，阿姆哈拉族32.6%，哈拉尔族7.1%，古拉吉族3.2%。该州60.3%的人口为穆斯林，38.2%是东正教徒，0.9%是新教徒，0.55%是天主教徒，0.1%信仰其他宗教。哈拉尔语是官方语言。

奥罗莫州（Oromiya）是埃塞面积最大的民族州，下设12个行政区和180个沃瑞达。该州人口的85%是奥罗莫族，9.1%为阿姆哈拉族和1.3%的古瑞格族，其他4.6%的人口分属多个小民族。奥罗莫州44.3%的人口为穆斯林，41.3%是东正教徒，8.6%是新教徒，4.2%是传统宗教的追随者，1.6%属于多个其他的宗教团体。语言使用方面，奥罗米法语为州官方语言，83.5%的人口也主要使用这一语言，其他还有阿姆哈拉语（11%）、古格拉格纳语（0.98%）、格迭格那语（0.98%）和提格雷语（0.25%）。

索马里州（Somali）地域广大，面积仅次于奥罗莫州，包括9个行政区和49个沃瑞达。民族构成包括95.6%的索马里族，2.25%的奥罗莫族，0.69%的阿姆哈拉族等。宗教方面，98.7%的人口为穆斯林，0.9%的人口属于东正教，仅有0.3%的人口信仰其他宗教。索马里语在该州占主导地位，被95.9%的人口使用，而且是州里的工作语言，其他被较多使用的民族语言有奥罗莫语（2.24%）、阿姆哈拉语（0.92%）、古拉吉那语（0.033%）。

南方诸民族州（The State of Southern Nations, Nationalities and Peoples, SSNNP）占全国面积的10%，分为9个行政区，下设72个沃瑞达和5个特别沃瑞达，以及149个城镇。93.2%的人口居住在乡村。该州的东部、北部和中部地区人口较为稠密，其中北部的奥莫、西达玛、古拉吉3个沃瑞达是人口最多的地区，西部和南部人口分布稀少。该州民族数量众多，达到了

55 个，主要的民族及其使用的语言情况如下：西达玛族占 18%，古拉吉族占 14.72%，沃莱塔族占 11.53%，哈迪伊那族占 8.53%，科菲那族占 5.22%，科巴廷那族占 4.35%，其他还有伽莫那、玛罗、构法、戈迪欧以及很多其他民族和语言。南方州的工作语言为阿姆哈拉语。

提格雷州（Tigray）由 4 个行政区和 1 个特别区组成，包括 35 个沃瑞达和 74 个城镇。民族构成情况是 94.98% 为提格雷族，2.6% 为阿姆哈拉族，0.7% 为伊若布族，0.05% 为库那玛族。95.5% 的人口信仰东正教，4.1% 为穆斯林，0.4% 信仰天主教。提格雷语是州工作语言。

如上所述，9 个民族州与亚的斯亚贝巴、迪雷达瓦 2 个特别区，共同构成了埃塞全国的民族自治地方，他们规模差异显著且类型多样——面积最大、人口最多的奥罗莫州，面积近 35.4 万平方公里，约占埃塞全境的 32%，人口则超过 1870 多万，而最小的哈拉尔州仅有 340 平方公里，人口 13 万多一点，民族自治地方的规模相差悬殊；不仅如此，埃塞的民族州又可分为多种类型：如奥罗莫州、阿姆哈拉州和阿尔法州等是由州内的主体聚居民族占主导地位的所谓"单一民族州"；紧邻苏丹的甘贝拉州，其主体民族为努尔人（Nuer）和阿努克人（Anuak）两大民族，是典型的"双轴心"式自治州；南方州则民族成分极为复杂，当地多个主要民族都拥有以其族名命名的次一级的沃瑞达民族区，属于典型的"多民族州"，还有紧邻苏丹的本尚古勒－古穆兹州，也是典型的多民族聚居区，贝尔塔族、阿姆哈拉族、古木兹族、奥罗莫族、什纳沙族和阿伽亚－阿维族等多个民族混杂聚居于该州；另外还有一种独特的民族州类型，如哈拉尔州是以州内人口较少的民族命名、多民族共处的自治州，该州既是哈拉尔族的世居州，同时也是多民族混居地，哈拉尔族仅占该州人口的 8.65%，人口占优势的民族是奥罗莫族和阿姆哈拉族，其他有古拉格族、索马里族和提格雷族等，但是该民族州选择以历史悠久的哈拉尔族命名。

埃塞的民族自治地方虽然规模差异较大、类型各异，但是也具有共同性——他们建立的是基本一致的行政体系，都是通过"民族州－行政区－沃瑞达/城镇－居住理事会"4 个层级（有个别民族州缺少行政区这一层级）的行政区划体系，由上至下地贯彻执行埃塞的民族区域自治政策法规，如表 2 所示。

表2　埃塞俄比亚民族州内部行政层级划分

序号行政层级	英文	中文
第1层级	Regional States / Administrative coucil	民族州 / 行政理事会
第2层级	Administrative zone	行政区
第3层级	Woredas /towns	沃瑞达 /城镇
第4层级	Dwelling associations (Kebeles, Keftegnas, urban and rural)	居住联合会组织（又称科贝利、科夫甘那斯等，分为城市和乡村联合会两部分）

二　埃塞"民族联邦制"特点透视

埃塞历史悠久，自古以来各民族既有自己传统聚居地，也有混合居住的区域，民族关系复杂，民族矛盾冲突频发。不同历史时期的埃塞统治者处理国内复杂、尖锐的民族矛盾和冲突时，采取过多种民族治理模式，包括帝制时代的"专制同化"、军政府时期的"民族识别""民族区域自治"和埃革阵上台以来的"民族联邦制"等。1991年埃革阵过渡政府①成立伊始，提格雷族出身的梅莱斯便意识到淡化族群意识、去民族中心化与在国家政权中保持各民族代表利益均衡的重要性。② 为了保持政权稳定和缓解尖锐的民族矛盾，1995年梅莱斯政府建立了"民族联邦制"并开始实施相关民族政策。与非洲其他国家所实行的联邦制及军政府时期的"民族区域自治"相比，民族联邦制"不回避民族矛盾，不仅承认民族间的差异，而且鼓励其差异性的发展；不仅按照民族聚居的标准来划分行政，而且鼓励在民族的基础上进行政治活动"③。因此在非洲国家的民族治理模式中独树一帜，具有以下鲜明特点。

首先，埃革阵主导下的制度设计，使"民族联邦制"凸显非洲国家社会主义政党特色。

---

① 1991年梅莱斯领导的埃革阵推翻军政府政权，成立过渡政府，一直运行到1995年埃塞俄比亚第一次大选，埃革阵获胜，埃塞俄比亚联邦民主共和国成立，梅莱斯任第一届总理。
② 参见张湘东《埃塞俄比亚联邦制：1950～2010》，中国经济出版社，2012，第195页。
③ 钟伟云：《埃塞俄比亚的民族问题及民族政策》，《西亚非洲》1998年第3期，第24～29页。

宣称秉持社会主义思想理念的埃革阵，在执政以后吸纳了门格斯图军政府时期民族治理思路的许多内容：一是继续军政府时期的民族识别工作，按斯大林民族定义中的标准来区分国内不同民族；二是坚持向社会主义大国"取经"的做法，"自 1991 年起，埃塞驻华使馆曾多次派人了解中国的民族政策，尤其是民族区域自治政策"；三是坚持民族区域自治制度。[①]

为了实现国家"稳定、发展和民族团结"的三大目标，埃革阵提出了社会主义指导思想下的执政纲领——主张维护占全国人口绝大多数的农民、工人和中产阶级的利益，实行建立在土地公有和市场经济基础之上的联邦制与多党民主制。在民族治理方面则秉持民族平等原则，保障各民族使用民族语言、发展民族文化，管理自己的事务以及平等参与国家事务等权利。[②] 概括而言，埃革阵新时期的民族治理思路，主要反映在以法律明确规定和保护各民族的平等地位与权利，按民族聚居实际情况，重新划分国内民族区域和建立联邦制架构下的民族区域自治。

其次，埃塞为实施"民族联邦制"奠定了较为坚实的法制基础。

通过制定 1991 年《过渡宪章》与 1994 年新《宪法》，埃革阵奠定了现行"民族联邦制"的法律基础。1991 年埃革阵上台伊始，为平衡各民族在权利分配中的利益、团结各民族解放组织和稳定局势，倡议通过了《过渡宪章》。在这份相当于临时宪法的文件中，日后埃塞民族自治的所有基本原则已现雏形，包括联邦制、中央和地区两级政府制、重划民族区域、保障各民族自我管理的权利等。[③] 在上述原则基础之上，在 1994 年新《宪法》中，埃塞确立了民族自治制度，规定各民族州有建立自治政府的权力，拥有联邦中央政府保有权力以外的其他一切权力，包括立法、行政、司法、（民族）语言权、文化自主权和分离权等。此外，埃塞根据"聚落类型、语言、认同感及相关民族的同意"等条件重新划分了国内民族区域——将原先 14 个民族地区调整为 11 个，包括 9 个民族州和 2 个特别市。埃塞的民族州可以自行选择工作语言，还可以有自己的旗帜、徽章和州歌。埃塞政府

① 吴金光、钟伟云、方卉：《埃塞俄比亚的民族问题与民族政策》，《世界民族》1998 年第 3 期，第 53 页。

② 2001 年，埃革阵"四大"通过了新党章和党纲，进一步明确了"革命民主"（保障各民族平等参与国家事务）和"资本主义自由市场经济"的政治经济发展方向。

③ 钟伟云：《列国志·埃塞俄比亚·厄立特里亚》，社会科学文献出版社，2006，第 106 页。

希望通过实行这种保障各民族平等地位和权益的民族区域自治，能逐渐消弭历史上因民族压迫和流血冲突带来的创伤，缓和民族关系，使各民族对国家向心力增强，自觉维护国家统一。

再次，埃塞"民族联邦制"在处理联邦"统（合）"与民族州"分（权）"关系时，力图实现相互制衡。

作为联邦制国家，埃塞实行三权分立和议会制，议会是国家最高立法机构，由人民代表院和联邦院组成。人民代表院的议员主要通过 5 年一度的普选选出，不少于 550 名，规定其中少数民族代表不少于 20 名；联邦院议员则主要根据民族身份选举，埃塞各个民族在联邦院中至少有一名代表，人口众多的大民族按每 100 万人增加 1 个议员席位计算，各个民族州议会可以自行决定如何选举自己的议员代表。人民代表院拥有议会中的主要权力，包括拥有制定民事、刑事法律的立法权，决定关于国防、警察部队的事务与调查其行为的权利，有权宣布国家进入紧急状态，对外宣战，征税，批准任命法官，政府官员和质询政府等；同时，联邦院具有对一些问题的关键权利，如有权解释宪法和组织宪法咨询委员会；有权根据宪法处理各个民族州自决权的事务；有权决定联邦政府与民族州之间的税收分配比率和财政补贴的金额等。[①] 通过人民代表院和联邦院的两院制设计，埃塞在国家议会中实现了一种"横向"分权：由于议员产生办法不同，人民代表院议员大多数来自人口众多的大民族，他们在国家各项重要事务决策，特别是资源分配中拥有较大话语权，由各个民族代表组成的联邦院，则是小民族发声的有效平台，一定程度可制衡被大民族代表掌控的人民代表院。

埃塞一直试图寻找平衡点：既考虑到维护联邦政府的权威与全盘"控制力"，也能有效保障民族区域的自治地位及其对国家管控的"制约力"。在这种思路下，埃塞对联邦政府与民族自治州之间的权力分配也进行了划分：联邦政府拥有在全国的外交、国防、公共安全、税收、金融与交通等重大权力，宪法还赋予联邦政府处理跨州问题、平衡各民族州关系的权力；各民族州则"享有包括分离权在内的民族自决权"，可以制定实施州宪法和州法律、社会经济发展战略、管理土地与自然资源、征收州税、制定与管理州预算等一系列自治权力。

[①] 孙谦、韩大元主编《世界各国宪法·非洲卷·埃塞俄比亚》，中国检察出版社，2012。

　　埃塞被认为非常"大胆地"将民族分离权明确纳入民族自治权的范畴，1994 年，厄立特里亚经过全民公决，成功脱离埃塞成为一个独立的国家。[①]但是，客观地说，厄立特里亚"脱离"埃塞的案例具有十分特殊的社会历史背景，不能简单地在埃塞各民族州中进行推演。事实上，埃塞对于民族分离权的使用有非常严格和细致的规定：包括（试图分离出埃塞的）民族州议会必须有 2/3 以上代表投赞成票，然后须由联邦政府在收到州决议的 3 年内举办该州全民公投。此外，因为国家宪法明确规定埃塞是由所有民族州共同组成，所以，当一个民族州试图脱离，就必须要修改国家宪法，而修宪又需要征得多数民族州的同意，更是"难上加难"。所以，单是从程序上讲，民族州真正实现所谓"脱离"会是一个异常复杂、困难和漫长的过程。

　　在民族联邦制运行的 20 年间，埃塞一定程度上缓解了以往尖锐的民族矛盾，各民族之间没有发生较大规模的冲突和战争，各民族地区经济有不同程度的发展，特别是基础设施改善效果明显，社会整体相对稳定，不同党派的新闻舆论自由开放。但民族联邦制的推行过程也不完全一帆风顺，大选期间爆发过代表各主体民族利益的政党间的流血冲突、跨界民族摩擦，以及各民族差异化的政治经济利益诉求等。国内外对埃塞民族联邦制也有不少质疑和批评，如国内的批评声浪主要侧重于联邦政府采取的"分而治之"策略、资源分配不公、各民族州财政不独立，以及阿姆哈拉语的强势地位和少数民族语言保护不力等方面；国外的批评多集中于埃革阵主导下的中央政府权力过分集中、梅莱斯的权威统治有明显一党制倾向等。

三　当前埃塞民族关系动态追踪与"变局"分析

　　2012 年 8 月底，任埃塞联邦政府总理近 15 年之久的梅莱斯骤然因病离世，给埃塞政局带来一系列重大影响，当时埃塞正面临着社会经济发展滞后、大民族之间的利益博弈、大民族压制小民族、反对党和海外民族独立势力持续"运动式"抗争等各种复杂问题，埃塞的民族关系发展趋向及其

---

　　① 张湘东：《浅析埃塞俄比亚联邦制宪法对民族分离权的规定》，《非洲研究》2011 年第 1 卷，中国社会科学出版社，2012，第 77 页。

民族治理政策的延续性引人深思。2013~2015 年，埃塞领导人的过渡和政策调整并不顺利，国家逐渐滑向民族关系动荡的边缘——2015 年 11 月以来，埃塞奥罗莫族民众因征地拆迁等问题与以提格雷族为权力核心的联邦政府意见不一，引发大规模群众示威，并与军警发生冲突。冲突造成了大量人员伤亡，局势持续紧张，直接导致 2016 年 10 月埃塞联邦政府宣布国家进入 6 个月紧急状态，2017 年 8 月至今，首都亚的斯亚贝巴周边多地局势仍然动荡，阿姆哈拉州和联邦政府之间、奥罗莫州和索马里州之间、南方州和联邦政府之间不同规模的冲突事件也时有发生，而这些冲突事件均不同程度地涉及民族因素或者直接以民族间矛盾呈现出来。①

1. 奥罗莫州和联邦政府之间的冲突事件

2015 年 11 月，奥罗莫州部分城镇和大学发生了民众和学生游行示威，其导火索是首都亚的斯亚贝巴的扩张计划，反对者认为把奥罗莫州的土地并入首都，侵占了奥罗莫州土地，而政府长期以来对征地拆迁的补偿较少，补偿款落实很慢，让以农业为主、土地为命的奥罗莫族担忧不已。2016 年 10 月以后，示威迅速升级。10 月 2 日，奥罗莫州比绍弗图（Bishoftu）发生严重踩踏事件，当天大批奥罗莫州民众举行集会，庆祝雨季结束的感恩节。在宗教领袖发表演讲之际，一些反政府人员向主席台和民众投掷石块，引起现场混乱，警方在维持秩序时使用催泪瓦斯，惊慌的人群四散奔逃，一些民众跌落在旁边的沟渠，造成 50 多人死亡。此后奥罗莫州多地持续发生骚乱，游行示威的民众与政府安全力量之间爆发冲突，政府海关、法院受到冲击，部分地区出现车辆被砸烧情况，进出首都市区道路被军警封锁。其中锡比塔镇多家工厂受袭，受影响工人近 4 万名。骚乱期间，一名美国人遭遇意外身亡；埃塞东方工业园内也发生骚乱，园内多家企业停业；10 月 9 日联邦政府总理海尔马里亚姆宣布国家进入紧急状态。

2017 年 8 月 4 日埃塞议会表决通过解除国家紧急状态的决定；8 月 23~27 日，埃塞反对派在奥罗莫州举行为期一周的大罢工，要求政府释放政治犯、抗议增税。2017 年 8 月 24 日，奥罗莫州一集市发生手榴弹爆炸，至少13 人受伤，据分析，这次袭击很可能与本轮罢工示威有关；10 月 11 日奥罗

---

① 本文中关于 2013 年以来埃塞俄比亚民族冲突的事件描述，主要来源于新华社、路透社和埃塞本国主流媒体（如《埃塞先驱报》《埃塞俄比亚新闻报》等）的新闻追踪报道。

莫州多地反政府示威抗议活动持续高涨，要求罢黜现有政权，释放被捕的反对派领袖，示威人群遭安全部队暴力驱散，至少8人死亡，30多人受伤；10月24~26日，奥罗莫州安博地区发生抗议活动，后抗议民众与政府安全部队发生暴力冲突，造成至少10人死亡，20人受伤。

2. 阿姆哈拉州和联邦政府之间的冲突事件

2017年8月6日阿姆哈拉州首府巴哈达尔发生炸弹爆炸事件，8月7日，巴哈达尔大批当地居民举行罢工示威，纪念2016年反政府示威事件一周年；8月12日，巴哈达尔市中心一家咖啡厅发生爆炸事件，造成2人受伤；11月1日，联邦政府安全部队在巴哈达尔逮捕2名疑似反政府武装组织"爱国金波特7号"（Patriotic Ginbot 7，PG7）成员，缴获4枚手榴弹，当局指责邻国厄立特里亚政府背后支持埃塞反政府组织，欲借后者之手将埃塞当前社会冲突从奥罗米亚州引向阿姆哈拉州。

2018年1月18~20日，埃塞俄比亚东正教庆祝主显节，成千上万朝圣者涌向阿姆哈拉州拉利贝拉（Lalibela）与贡德尔（Gonder）古城。18日起，贡德尔、沃尔迪亚（Weldiya）、安博（Ambo）等地，民众发生集会游行，高呼反政府口号，要求政府下台，与联邦安全部队发生暴力冲突。20日，示威者遭安全部队实弹驱散，造成至少7人死亡，18人受伤。21日，部分政府附属酒店与餐馆遭纵火。2018年1月24~28日，阿姆哈拉州又发生民众集会，强烈谴责埃塞政府军"提格雷人民解放阵线"暴力镇压民众反政府示威。24日起，科伯镇示威者纵火数个地方行政办公室、执政党关联企业以及4辆卡车，遭政府安全部队镇压，至少9人死亡；27日，附近民众阻塞高速公路，限制政府军安全部队继续向科伯镇进发；27日，莫萨镇民众大规模集会示威，纵火数个地方行政办公室、监狱、当地安全部门总部等设施，再次遭当局镇压，至少10人死亡。2018年1月25日，提格雷族士兵与其他民族士兵因后者拒绝对科伯镇示威民众使用致命武力，发生内讧而交火。

3. 南方州和联邦政府之间的冲突事件

2018年1月24日，南方诸民族州维科特镇（Welkite）居民示威，愤怒谴责联邦政府，后者计划将原定于在当地建造的医院项目转移到在执政党中居于优势主导地位的提格雷州；同年4月，南方州因土地所有权和资源分配问题不断爆发民族冲突事件；6月初又发生了南方州首府阿瓦萨市（Awasa）西达马族和沃莱塔族之间的冲突，造成至少 10 人死亡。

4. 奥罗莫州和索马里州之间的冲突事件

奥罗莫州和索马里州是埃塞面积第一和第二的大州，两州人口分别以奥罗莫族和索马里族为主，两州间有较长交界线。当地民众在交界地区土地划分上的分歧所导致的冲突已经持续了至少 20 年。2004 年，两州曾进行公投，重新划分交界地区土地，但双方都指责对方没有履行公投结果。2017年 3 月，两州州长签署有关交界地区土地争端解决争议，但仍未使冲突平息。

2017 年 8 月 23 日起，奥罗莫州东部靠近索马里州的多个城镇，奥罗莫族人与索马里族人准军事组织"Liyu Police"间因土地争端暴力冲突频发，持续数周，双方各有大量人员伤亡，边境大量居民流离失所；9 月 12 日，多地奥罗莫族人集会示威抗议民族冲突，特别是抗议索马里州安全部队驱赶住在索马里州首府的奥罗莫人，在奥罗莫州的奥威镇，抗议者纵火焚烧了向索马里州运送恰特草的车辆；9 月 16 日，总理海尔马里亚姆召集奥罗莫和索马里两州领导人、社区长老、部落和宗教领袖商讨边界冲突问题，要求两州安全力量撤出冲突地区，政府将部署联邦安全力量恢复秩序；10月 9 日、埃塞人民院议长、奥罗莫族非常有政治影响力的阿卜杜拉提出辞职，理由是政府对其奥罗莫民族缺乏尊重；10 月 22 日，奥罗莫州阿巴伯拉区爆发反政府示威游行，抗议索马里人驱逐奥罗莫人，随后游行变为暴力活动，8 名奥罗莫人和 3 名阿姆哈拉人丧生；12 月 11 日，奥罗莫州东部地区大量民众集会示威，抗议索马里州准军事组织暴行，后与安全部队发生冲突，造成至少 15 人死亡；12 月 14 日，索马里族人袭击达罗勒布等地区的奥罗莫族，造成 29 人死亡，引发后者报复袭击，造成 32 名索马里族人死亡。

据埃塞灾害风险管委会的消息，族群冲突导致近 86 万人流离失所，成为埃塞近期最为棘手的社会问题。新当选总理阿比上任伊始即赴索马里州首府与地方政府和族群领袖探讨平息矛盾、化解危机的方法，以尽快让失所民众顺利返乡。奥罗莫和索马里两州政府也推行民众返乡措施，奥州政府选址建设 84600 个安置点，索州政府也在考察地址进行类似的安置。同时，埃塞紧急状态指挥所正开展具体调查行动，针对族群冲突追根溯源，后续将采取针对性措施力求实现冲突地区的长期安定。

5. 本尚古勒－古穆兹州的民族冲突

阿姆哈拉族与贝尔塔族之间曾因长期划界争议在阿索萨发生过暴力冲突。2018 年 6 月 27 日，州府阿索萨（Asosa）的阿姆哈拉族指控贝尔塔族蓄意破坏阿姆哈拉人商店和住宅，继而引发两大民族间暴力冲突与劫掠骚乱，造成 10 人死亡，38 人受伤。埃塞政府向阿索萨市增派联邦警力平息骚乱。美国驻埃塞大使馆等发布旅行安全提示，不建议使馆人员前往除首府阿索萨以外的该州其他地区，并要求所有前往阿索萨市的人员乘坐飞机以保证安全，并且不排除该事件后续态势持续发酵升级，引发双方进一步对抗，出现警民对峙的可能。

6. 2018 年埃塞全国紧急状态解除后，多地安全形势依然堪忧。

2018 年 2 月 17 日，埃塞俄比亚当局确认自 16 日起开始实施全国紧急状态 6 个月，以保护"宪法秩序"，这是埃塞 2016 年 10 月以来的第二次全国紧急状态。新一轮紧急状态实施以来，部分民众反政府与抵触情绪不断迸发，全国多地反政府示威仍时有发生，局势依然动荡。

2018 年 4 月 2 日，奥罗莫族人阿比－艾哈迈德－阿里（Abiy Ahmed Ali）当选新任总理后，呼吁全国团结并实施一系列重大措施，包括释放数千名政治犯、缓和与邻国厄立特里亚的紧张关系、对国有企业实施私有化改革、实行开放经济政策，以推动国内和平和国家发展，国内局势逐渐缓和。但埃塞国内有一些反对总理改革方案者，同时国内族际冲突、宗教冲突、区域利益纠纷与民众反政府情绪，仍不时引发地方性、零散性抗议示威、低烈度安全冲突等事件。6 月 5 日，鉴于埃塞国内的法律与秩序基本恢复，全国紧急状态提前 2 个月被解除。但自 2018 年 4 月以来，南方人民民族州因土地所有权和资源分配问题仍不断爆发族际暴力冲突，截至 6 月 23 日，已造成 27 人死亡、60 多万人流离失所。6 月 23 日，在埃塞俄比亚首都亚的斯亚贝巴十字架广场，现任总理阿比的上万支持者进行集会，支持总理的改革议程以及总理执政以来带来的改变，遭手雷袭击，爆炸与人群恐慌踩踏共造成至少 1 人死亡，156 人受伤；6 月 27 日，本尚古勒－古穆兹州南部的毛科莫地区支持阿比总理的政治集会上，警方与抗议者发生冲突，造成至少 2 人死亡、40 人受伤；6 月 28 日，埃塞俄比亚中南部奥罗米亚州一伙不明身份枪手伏击执勤警察，造成至少 4 人受伤。

鉴于以上新动态，埃塞各地尤其是首都、提格雷州、奥罗米亚州、阿姆哈拉州、阿法尔州、索马里州、南方人民民族州等多地，被一些国际机构评估为存在族际冲突、示威抗议、边境争端、暴恐活动与局部社会动荡等风险的高危敏感地区。形形色色的民族冲突事件，反映出现阶段埃塞民族关系与以往相比正在出现一些重要变化。

一是，民族州与联邦政府之间长期存在的利益诉求矛盾，因某些特殊事件而表面化和程度激化。具有代表性的是奥罗莫州与联邦政府之间爆发的一系列冲突事件。奥罗莫族传统上以农业为生，珍视土地，而随着首都亚的斯亚贝巴城市的扩张，不断侵占奥罗莫州的土地，而联邦政府给予的补偿款低且严重拖延，损害了奥罗莫族的切身利益，积怨甚久，以前一直被强力压制，无法宣泄。近年来的政治变化，使得民族间的经济利益矛盾演化成为"导火索"，引发奥罗莫州多地的抗议示威与暴力冲突，"盖子被猛然掀开"——奥罗莫族长期被压制的各种不满情绪迸发出来，并从原先较为单纯的经济利益诉求，逐渐上升到"罢黜现有政权，释放被捕的反对派领袖"等各种政治要求。

二是，有境外势力支持的反政府组织活动频繁，尝试搅局，意图将局部与性质单一的民族问题扩大化和复杂化，加剧民族矛盾和民族间怨恨情绪，使得埃塞整体安全局势受到影响。以阿姆哈拉州与联邦政府之间的矛盾冲突为代表，阿姆哈拉州的多起炸弹爆炸、纵火事件，以及后续示威游行中出现的政府安全部队暴力殴打、实弹驱散人群等事件，凸显矛盾的尖锐性与复杂性，埃塞政府怀疑与指责厄立特里亚政府在背后支持反政府组织，意图将奥罗莫州的民族冲突引至阿姆哈拉州等地，而示威人士则愤怒谴责"提格雷人民解放阵线"的暴力镇压，并且坚决要求埃塞政府下台。这类冲突事件反映出埃塞内部民族矛盾与外部矛盾、经济因素与政治诉求复杂地交织在一起，难以区分，并助推埃塞局部地区的单一民族矛盾扩大化发展。

三是，以往长期存在的各民族州对于联邦政府资源分配不公的不满情绪难以有效控制，出现反弹与抗争。以南方州和中央的矛盾最为典型，南方州民众极为不满联邦政府将原本同意给予该州的医院项目，转给在中央更有话语权和影响力的提格雷州。后者在过往（如梅莱斯主政时期）就已经从中央获取了大量项目资源，其他民族州当时往往敢怒不敢言。但是，现阶段继续这种"不公平"的做法越来越受到来自其他民族州的强力反对。

　　四是，各民族州相互之间长期存在的民族矛盾有所激化与失控。如奥罗莫州与索马里州积怨深重的交界地带争议，已经存在了20多年，但是在近几年里问题出现持续恶化、矛盾冲突不断升级的新趋势——从游行示威逐渐演变成暴力冲突和报复性仇杀袭击，引发严重后果，大规模民众恐慌与流离失所，地区安全局势明显恶化。

　　五是，埃塞民族州内部不同民族间的矛盾呈"点状"激化状态。如本尚古勒-古穆兹州内部两大民族阿姆哈拉族与贝尔塔族之间，以往就因划界土地纠纷发生过多起矛盾冲突，积怨较多，双方都想把对方驱赶出该州，现阶段的摩擦与敌视不断升级，逐渐演变成暴力冲突与劫掠骚乱，严重影响当地百姓的正常生活。

　　近几年间，埃塞各种层级（既有全国性的，也有民族州之间和民族州内部的）、规模大小（既有涉及数十万人的，也有小规模冲突）、类型（既有偏经济诉求的，也有反对政治不公或者民族间积怨仇视）的民族矛盾与冲突持续多发，显现出一定程度的民族矛盾明朗化、（程度）激烈化、（范围）有所扩大的态势，民族关系格局正处在较大变化和调整过程中。2018年4月2日，埃塞俄比亚联邦议会人民代表院，正式批准通过阿比为埃塞新一任总理。阿比是埃塞历史上首位奥罗莫族总理，这在一定程度上改变了埃塞政坛长期由少数民族提格雷人和第二大民族阿姆哈拉人主导的格局。但是，尽管奥罗莫族逐步增加了在政府内阁的人数，但提格雷族仍牢牢掌握关键部门，特别是军权，在实施国家紧急状态的当下，军方及其他强力部门的权力得到进一步加强。

　　阿比上台后的第一个月就进行了一次全国范围的和解之旅，他先后访问了索马里州、奥罗莫州、提格雷州、阿姆哈拉州和南部各地区，使用奥罗米亚语、提格雷语和阿姆哈拉语三种语言传递了宽恕和统一的信息，尝试安抚和平息各地高涨的民族情绪，以逐渐推进改革，实现稳定与团结。但是，埃塞很快又爆发了多起与民族有关的严重暴力事件，造成数百人死亡，联合国的数据显示，埃塞东部、西部和南部地区目前有超过100万人从索马里和奥罗莫地区流离失所。2018年10月3日，埃革阵在南方州召开全国代表大会，在这次以"民族团结，多元繁荣"为口号的大会上，阿比再次当选为埃革阵主席，这意味着他将以总理的身份继续领导执政党和国家，直到2020年大选结束。阿比政府面临着极为困难的任务——如何以包容性的领导将各个族群与党派联合起来，建立共识与实现平衡改革。当前，阿比政府继续坚持实施"民族联邦制"，试图在埃塞民族和解过程中满足更公平的联邦制和民族地方的自治要求，同时还要尽力保护国家发展计划及工业化和各种基础设施项目，后者对于埃塞长达 10 年的 8% ~ 10% 的 GDP 增长与非洲增长最快国家的经济地位影响巨大。2019 年 10 月，阿比总理因积极推动平息与邻国厄立特里亚的长期边境冲突，获得诺贝尔和平奖。

四 埃塞案例的启发：非洲民族研究的"新面向"

本文认为，埃塞的"民族联邦制"是借鉴外国民族治理经验与本土实际相结合的典型案例，其实施既有成功经验也有失败教训，需要对其进行全方位的客观分析：既要充分肯定现行的"民族联邦制"与埃塞历史上多种治理模式相比所具有的进步性、合理性，及其实施 20 多年间对埃塞国内民族矛盾、稳定政局、促进经济发展的积极作用；也要清醒地认识到，在理念与架构上比较进步与合理的埃塞"民族联邦制"在实施过程中仍存在很多局限与不足，并没有完全消弭埃塞历史上遗留下来的复杂民族矛盾，而且在梅莱斯主政时期，"民族联邦制"的很多政策、理念也没有得到充分的贯彻执行，而是有些"变形"，比如联邦政府在民族州间资源分配不公问题等长期存在，积怨甚深，但在当时因为中央能够强力控制与弹压，很多民族矛盾纷争没有表面化或者扩大化发展。但是，随着近年来埃塞政治形势的改变，"盖子被掀开了"，多种民族矛盾再也难以掩饰，而是逐渐爆发和蔓延开来。因此，当前亟须对埃塞关系的演变态势开展持续性追踪研究，深入分析引发当前民族关系乱象的多重"变因"，以客观评估埃塞民族治理政策的实施效果，全面总结其经验教训。通过埃塞民族案例，笔者对于如何开展当前的非洲民族研究有了一些新的思考，具体内容如下。

第一，当前的非洲民族研究亟待向"纵深"发展，而研究的深化和细化有赖于扎实的研究资料基础——特别需要加强对非洲国家民族和民族地区基本情况的及时更新和全面掌握，这是进行其他更深层次民族研究的必要基础。在埃塞案例中，我们就是从准确了解其民族多样性特点和民族地区具体情况入手，厘清其案例的典型性与代表性，继而对其民族治理模式与民族关系展开研究。

　　第二，民族治理模式是理解和阐释极为复杂的非洲民族表象的关键，因此，关于多样化的非洲民族治理模式研究已经成为当前学界的关注焦点之一。笔者认为，民族治理模式研究尤其应向"深"与"细"推进——要全面弄清楚该模式的来龙去脉、制定理念、主要特点、实施效果与存在问题等。在埃塞案例中，我们概要回溯了埃塞历史上民族治理模式的阶段划分，然后聚焦"民族联邦制"，阐明该模式的"设计师"与"执行者"是谁，他们是在何种指导思想下进行设计和实施的，进而分析"民族联邦制"主要特点并客观评价其实施效果。

　　第三，关于非洲各国民族关系开展动态追踪研究，一直以来是我国非洲民族研究中较为薄弱的环节，而当前对该领域研究的现实需求又非常急迫。因此，在埃塞案例中，我们用重点篇幅详细追踪梳理了2013年以来埃塞民族冲突的代表性事件，力图在此基础上透视埃塞当前混乱的"变局"，并对埃塞民族关系现状特点和未来发展趋向展开讨论。

　　第四，埃塞"民族联邦制"个案研究的方法论启示。埃塞案例的复杂性、交叉性和变化性，使得从单一学科视角出发难以达至全面、准确和深入的阐释。笔者认为，在非洲特色民族治理模式研究领域，探索一种新的"多维度"理论分析路径应是有益的选择——立足开展非洲人类学、民族学田野调查，收集汇总最新民族基本信息，准确了解该国（或该地区）民族构成现状并且参与观察其民族关系实况，结合梳理其民族关系的历史脉络，开展"（整体）全景维度"与"（局部）近景维度"相结合、"（纵向）历时维度"与"（横向）共时维度"相结合、民族志事实描述与抽象理论模型概括相结合的"多维度"系统研究，从而能够较为准确地掌握非洲国家民族治理模式的概貌与细节、存在问题，进而概括基本特点和进行模式（概念）的提炼，并预判其民族关系的未来发展趋向。

民族利益与地区建构[*]

——民族学视野中的科索沃独立

刘　泓

摘　要: 科索沃为什么要独立? 除了外界因素的推动 (比如米洛舍维奇时代所实施的压制少数民族的民族政策, 美国等西方国家的不断干预等), 科索沃地区的阿尔巴尼亚人自身的原因是什么? 科索沃独立的症结是什么? 科索沃问题应如何解决? 人们从法学、政治学和历史学角度所做出的相关考虑, 尚未能对上述问题给出比较明晰的答案。本文试图从民族学的视角入手, 通过探讨科索沃阿尔巴尼亚民族主义与地区建构的相互关系, 为人们进一步认识和理解相关问题提供点滴可以借鉴的东西。

关键词: 民族主义　地区建构　科索沃

2 月 17 日是科索沃宣布独立的日子。一时间, 科索沃再度成为世人关注的热点。2008 年 2 月 17 日, 在科索沃宣布独立之后的第二天, 美国和欧洲几个大国纷纷予以承认, 而以俄罗斯为代表的若干国家则表示坚决反对。科索沃独立问题的背后隐藏着的大国博弈迅速凸显。近期以来, 有关科索沃独立是否符合国际法、美国等西方势力的霸权计划和科索沃问题产生的历史原因等问题的研讨将人们的目光逐渐聚拢起来。

科索沃为什么要独立? 除了外界因素的推动 (比如米洛舍维奇时代所实施的压制少数民族的民族政策, 美国等西方国家的不断干预等), 科索沃地区的阿尔巴尼亚人自身的原因是什么? 科索沃独立的症结是什么? 科索

---

* 本文为国家社科基金重点项目 "民族分离主义与欧洲民族 – 国家建构研究" (项目编号: 17AMZ012) 的中期成果。

沃问题应如何解决？人们从法学、政治学和历史学角度所做出的相关考虑，并未能对上述问题给出比较明晰的答案。故此，我们试图从民族学的视角入手，通过探讨科索沃阿尔巴尼亚民族主义与地区建构的相互关系，为人们进一步认识和理解相关问题提供点滴可以借鉴的东西。

一 科索沃地区的民族构成和民族问题

科索沃是原南联盟塞尔维亚共和国的自治省，位于塞尔维亚南部，面积 11000 平方公里，碳、铅、锌、铬和银含量丰富。首府为普里什蒂纳。人口为 200 万，其中 90% 的居民为阿尔巴尼亚族人，其余多为塞尔维亚族人和黑山族人。语言为阿尔巴尼亚语。塞尔维亚语现在很少用。

从 20 世纪 80 年代末起，科索沃的阿尔巴尼亚族人一直在谋求科索沃独立。从 1999 年以来，科索沃一直在联合国的托管之下。科索沃的地位问题一直随东西方代表不同文明的大国的关系而起伏不定。阿尔巴尼亚族人把它视为自己的"摇篮"，而塞尔维亚人则认定它是自己的"圣地"，这种斗争延续长达近千年。

阿尔巴尼亚族人是巴尔干半岛上的本地居民，罗马帝国时期信奉基督教，奥斯曼帝国统治时期皈依了伊斯兰教。塞尔维亚族人是南下到巴尔干的斯拉夫人与当地人融合而成的南部斯拉夫人，拜占庭帝国时期信奉东正教。在奥斯曼帝国统治巴尔干的五百年中，阿尔巴尼亚人主导着科索沃。两次巴尔干战争和第一次世界大战之后，塞尔维亚人在同宗（都是斯拉夫人）、同教（都信东正教）的俄国人支持下控制了科索沃。二战期间，阿尔巴尼亚族人在德国的支持下试图建立一个大阿尔巴尼亚，但随第三帝国的灭亡也化为泡影。到战后的两个南斯拉夫时期，阿尔巴尼亚族人只能是非主体民族，科索沃也只是受塞尔维亚共和国控制的一个自治省。然而，对于这些阿尔巴尼亚族人始终难以接受。南联邦解体之前，阿尔巴尼亚族人试图以政治手段实现"自己成为主体民族，科索沃升格为共和国"的要求，科索沃地位问题表现为政治危机；南联邦解体之后，阿尔巴尼亚族激进分子开始试图以武力手段实现自己的诉求，科索沃地位问题逐渐演变成暴力冲突。随着南联邦、南联盟和塞黑的先后解体，塞尔维亚族的可控范围越来越小，但是，在科索沃独立问题上仍然坚定地坚持以往的立场。

在科索沃境内到底还居住着多少塞尔维亚人，目前并没有准确的统计。一般的估计认为，科索沃有 200 万阿尔巴尼亚人，塞尔维亚人有 10 万 ~ 20 万。在靠近科索沃与塞尔维亚交界的北部地区，塞尔维亚人居多。特别是北部城镇米特罗维卡，塞尔维亚人占绝对多数。在科索沃其他地区也散布着塞尔维亚人。

从历史上看，科索沃是塞尔维亚人的发源地。12 ~ 14 世纪，塞尔维亚人生活在科索沃地区，并在科索沃境内留下了许多著名的宗教文化建筑。在土耳其帝国统治科索沃时期，塞尔维亚人大批离开科索沃，前往北部地区。而科索沃阿族人的出生率一直很高，由此导致了科索沃阿族人逐渐增多。随着时间的推移，科索沃地区逐渐被阿尔巴尼亚人占据，塞尔维亚人就成为科索沃地区的少数族裔。在科索沃，随处可以见到的景象都显示出这里长期盘旋的暴力阴影。北约军队、联合国的武装守卫以及科索沃警察无处不在，控制着很可能一触即发的紧张局势。在一些较小的城市如奥拉霍瓦克等，塞维亚尔族和阿尔巴尼亚族仍然共同生活在同一个城市内，但是塞尔维亚族通常聚居在与阿尔巴尼亚族人不同的街区。科索沃的塞尔维亚族人也因为害怕遭到辱骂或袭击而很少前往城中的阿尔巴尼亚族聚居区。

二 科索沃阿尔巴尼亚民族利益与地区建构的对抗

(一) 民族利益与地区建构的理论思考

从理论上讲，民族是一种"对他而自觉为我"的社会分群形式，也是一种"想象的政治共同体"，并且是被想象成范围有限的共同体。[1] 作为民族的信条，民族主义强调民族与国家的关系，本质是民族国家的内部事务或国家的基本属性，内涵主要包括从本族利益出发的社会和政治运动、属于本族的情感或意识、本族的语言和符号体系以及国家的建立和发展过程等。[2] 国家是民族的代表，国家利益是民族意志的体现。民族主义的内涵是国家属性，民族主义的表现形式往往以国家的面目出现。在地区建构的进

---

① 本尼迪克特·安德森：《想象的共同体：民族主义的起源与散布》，吴叡人译，上海人民出版社，2001，第5~6页。

② Anthony D. Smith, *Nationalism: Theory, Ideology, History*, Polity Press, 2001, pp. 6 - 7.

程中，民族利益的动力主要体现在它的建构作用上。

民族利益是一个难以给出明确界定的概念。它涉及的内容十分丰富，其构成要素不具有可操作性。就其界定和实施途径而言，在理论和实践上都存在许多值得探讨的东西。但其所含指的内容则是公认的——涉及国家存亡的因素通常都应属于它所包含的范畴。

在族际关系中，民族之间的互动关系不仅塑造着族际关系的结构，而且塑造着民族利益。参与地区化进程，是因为民族在族际互动关系中建构了共同利益。共同利益是民族利益的叠合，是其对族际环境和族际问题具有相近观点的产物。共同利益包括政治安全、经济利益、意识形态和宗教文化等方面。共同观念是产生共同利益的基础。共同的敌人可以让民族走向联盟或联合，共同的威胁可以让不同的民族加强合作。民族利益的地区建构作用因此得以形成。

在当今族际关系下，民族利益的地区建构作用主要包括如下内容。其一，地区化的地域性。在地理相近的诸民族中，族际观念具有更大的相似性。在传统传播方式的时代，这一规律至关重要。同一地区的不同国家具有相似的传统文化，这是共有知识产生的主要条件，因此也成为合作与共同利益的基础。地域性因此成为地区化的首要特征。其二，在当今族际关系下，任何民族都是地区体系中的一员，若要实现民族利益就必须融入并投身于地区化进程。其三，共有观念使民族之间能够产生相互信任，即使它们之间存在冲突性利益，也会选择以平等合作的方式解决问题和冲突。共同的安全政策和经济政策就有出现的可能。

地区化的形成过程也是民族利益的重新界定过程，这是地区对民族的反作用的表现。地区建构既然是民族利益的体现，地区主义则理应成为民族决策的重要环节。民族利益的形式和内涵就超越了民族的居住地范围，并纳入了"跨族"因素。族内政治与族际政治的互动关系由此愈发密切。仅仅关注本族利益并不能真正促进民族利益，也不符合地区发展的必然要求。于是，地区问题、地区利益就演变为民族决策制定过程中的重要构成要素。在地区化、全球化语境下，地区主义或地方主义逐渐成为世界潮流，民族越来越重视通过"地区"来促进民族利益，地区间的竞争态势也逐渐发展成为族际竞争之外的重要形式。地区建构进程往往伴随着民族权利观念的变化及其重新界定。

（二）阿尔巴尼亚民族主义与科索沃地区利益

长期以来，阿尔巴尼亚民族主义和科索沃地区利益既与宗教、语言、历史传统和领土纠纷等密切相关，也深受外部势力对其渗透和争夺左右。

从理念上讲，尽快恢复社会稳定与经济繁荣应是科索沃地区利益的重中之重。具体说来，科索沃政府应尽快建立接受援助的机制，形成健全的货币流通体系和稳固而具有透明度的财政制度，以便使科索沃出现可持续性的经济发展，有效地运用各国的援助资金和物资；应优先考虑提高政府的行政能力、教育、卫生保健、基础设施建设、恢复经济秩序及地区开发等方面的投入。

然而，民族主义的表现形式和本质内容对地区利益的内涵具有相当的规范作用。在当今的科索沃社会，理念上的地区利益的内涵与现实社会中各民族对国家利益的认知存有差距。阿尔巴尼亚民族主义特有的表现形式，界定了不同民族主义在国家重建中的具体目标指向，以及多民族地区内部的不同民族集团的利益疆界。作为各民族利益叠合的地区利益（包括政治安全、经济福利、意识形态、宗教文化等），对科索沃地区各民族而言还是一个模糊的、不确定的概念，一种尚未被全体人民所认同的思想理念。各民族对本族体的忠诚往往会超越对地区的忠诚，他们将对本族利益的获得与保护放在首位，而将地区利益（各民族的共同利益的反映）束之高阁。

1. 民族主义的表现形式

学术界对于民族主义这一术语的界定，至今没有达成共识。基本认同的是，因各国历史、文化、宗教等方面的差异，民族主义的表现形式形形色色，其特征也不尽相同。大体说来，科索沃阿尔巴尼亚民族主义的表现形式主要包括以下几种。

其一，大民族主义，强调科索沃地区的人口大族阿尔巴尼亚人的政治、经济、社会和文化权利。比如本族成员在法律方面的平等、共同的公民文化与意识形态等，较少考虑其他少数民族的利益。主要体现为在地方权力和资源的分配中，通常以忽视或无视塞尔维亚等少数民族的利益诉求为代价。他们虽然宣布独立，力图控制科索沃的统治权，但没有任何迹象反映出他们能够制定和实施一套可以使各族人民安康幸福的政策和措施。按照设想，独立后的科索沃应该按照民主价值而非种族来建立军队。但是科索沃独立后成立的一所军校中，并没有塞族学生。24 岁的军校生卡德里·波利沙说："我们的军队不存在歧视。"这群军校生的指导员贝拉特·沙拉上尉也解释说："我们试图招募塞族人，我们去高中与他们谈话，但是没有塞族人感兴趣。"最后一轮谈判破裂后，数以万计生活在科索沃的塞族人因害怕可能发生的动荡和种族清洗，纷纷准备逃离科索沃。距科索沃首府普里什蒂纳以北 10 多公里的巴宾莫斯特村生活着 200 多户塞族和 50 户阿族。17 岁的塞族女学生玛丽亚·尼科利奇告诉《每日电讯》社记者："我担心会出现暴力事件。因为过去的战争，阿族人恨塞族人。如果（科索沃）宣布独立，我将看不到未来，找不到工作，没有自由。"尼科利奇说，塞族人担心他们会丧失一切。"谁会买我们的房子？卖都卖不出去。阿族人知道，他们早晚会得到。"驻守在科索沃北部的北约部队副司令尼尔斯·托埃明上校认为，科索沃独立将导致科索沃塞族大批逃离。米特罗维察镇位于科索沃塞族地区。25 岁的塞族女大学生塔尼娅说，她的朋友们都已经收拾好行囊，随身带好护照，随时准备逃离。

其二，民族权利主义，其主要依据是血缘和语言，目标是寻求本民族地方独立。如在阿尔巴尼亚族中存在的分离主义分子和独立运动。许多周边国家发达的经济对阿尔巴尼亚族产生了强烈的诱惑，进一步引发了他们对现实处境的不满。接受境外"友人"的"援助"，并与之结成"同盟"便成为自然而然的事。

2. 民族主义与地区利益的悖逆

民族主义与地区利益之间存在着密切的联系。通常说来，民族主义是建构民族利益的文化符号和政治思想，地区利益是民族主义存在和发展的衡量物，是决定民族对外决策行为的原动力，是构成族际关系的内在动因。地区获取合法性的基础是，它作为政治经济组织存在的实质体现为，服务于地区中的每个人，为其提供不可划分的、普遍的利益。换言之，地区应该体现民族意志，促进民族利益。在民族与地区的相互建构中，地区获得了统治人民的合法性，民族集团获得了可以代表他们利益的归宿。

那么，阿尔巴尼亚民族主义和科索沃地区利益之间的关系如何？可以说，长期以来，阿民族主义和国家利益始终没有摆脱对抗状态，主要表现在以下几个方面。

（1）民族主义成为分离国家主权的重要理念

随着阿尔巴尼亚大民族主义的盛行，民族权利主义理念和实践得以不断发展，并形成一定规模。一些阿尔巴尼亚族激进分子开始认为，只有主权才能使其免受塞尔维亚族的压迫并张扬其民族文化，主张通过建立本民族控制的政府来寻求能够充分体现自身价值和利益的最理想的管理形式。

（2）民族主义为地区利益的实现设置了重重障碍

个人与民族融为一体的民族具有强大的生命力，强大的民族方能建立强大的国家。这一点对于阿各民族而言，无疑是其在相当长的时间里所应树立和追寻的信念与理想。在阿民族主义框架下，人民并未成为地区政治的组成部分。他们可以为本民族利益流血牺牲，但难以将地区视为本族和个人的意志及命运的精神体现。维系各民族集团成员个人与地区间心理纽带羸弱、纤脆，致使地区失去了稳定的结构和力量基础。

（3）民族主义未能为地区取得合法性提供有效力量

地区的存在和发展要求个人对地区忠诚。这既是地区政权获得合法性的基础，也是地区力量和效率的体现。地区的凝聚力和人民对它的忠诚，取决于地区保证个人利益的能力。事实上，阿尔巴尼亚民族主义未能为地区提供取得合法性的有效力量。在阿尔巴尼亚民族主义框架下，人民对地区的忠诚严重缺失。他们大多认为，地区是抽象的、遥远的，而家族和民族才是具体的和最值得效忠的。

（三）动因：地区建构流于空想

综上所述，阿尔巴尼亚民族主义不同的表现形式和本质内容，界定了不同的具体目标指向和族裔利益，同时，地区利益的模糊也为民族主义运动提供了损害地区利益的理由，从而使民族主义与地区利益之间的关系呈现对抗状态。其中的动因是什么？能否找到其中的答案，是塞尔维亚和国际社会能否应对由这种"悖论"引发出的各种问题和困难的基本前提。

阿民族主义与国家利益之间的关系为什么是悖逆的？归纳起来，其主要内容大致包括以下方面。

（1）维系各民族经济联系的纽带十分脆弱

地区化产生于大量的区内根源，其基本根源是，在国家拥有的疆域内现代化大生产及其形成的统一的国内市场的出现。而这一切对科索沃而言至今还只是"乌托邦"。旷日持久的内战如无人理睬的血腥厮杀，使原本贫穷落后的国家几乎到了无路可走的地步。在科索沃战争中，大部分基础设施遭到破坏，只有农业有望收获。科索沃是南斯拉夫最贫穷的省之一，也是欧洲最穷的地区之一。据美国《时代周刊》报道，科索沃战争造成5000名南军警丧生，1500名平民被炸死，数以万计的军人和平民受伤致残。这一数字是北约轰炸前阿族和塞族相互冲突造成2000人死亡的3倍多。据联合国难民署的报告，战后有24万塞族和其他非阿族难民逃离科索沃。

（2）建构地区认同的政治基础薄弱、残缺

长期以来，在与"盟友"的关系不断加强的同时，阿尔巴尼亚族人与塞尔维亚的关系正在逐步疏远。当科索沃总理塔奇宣布科索沃从塞尔维亚独立时，欢呼的阿尔巴尼亚人手中挥动的是美国的星条旗。

各族集团实力的有限以及对其共同利益的淡漠，民众反政府情绪的高涨及其对能够代表其利益政党的渴望，为各类政党和政治家登台亮相提供了契机。这就使得其举措很难不违背地区利益和各族人民的共同利益、不带有极端主义的倾向。有人甚至指出，科索沃各党领导人"不断膨胀的私欲是阿战火长燃的唯一驱动力"。任何"民族党"的"民族"涵盖面是有限的，它无法吸纳本民族的全部成员，无法阻止其他"民族党"的形成，更无法改变其与生俱来的"少数人"的身份和地位，地区利益从而受到巨大威胁。

（3）各民族离心离德的历史文化陋习长期传承

或许屡受侵略的经历塑造了阿尔巴尼亚族人好战的性格，在相对封闭的地域内形成的种族、部族和家族是科索沃社会最基本的结构和联系网络。

（4）"大民族"的缺失

多民族国家的建构过程是一个不断增进权力共管、国家统一、文化同质的过程，其他社会、政治力量的意向难免与之相悖。非主体民族集团与主体民族集团必须寻找到诸民族利益的结合点并以之为行为准绳，以对地区或国家的忠诚代替对民族的忠诚，是多民族国家生存的基本条件。在地区化过程中，主体民族必须不断地完善自己，使自己有能力采取向非主体民族倾斜的政策，有实力为各民族共同利益主动做出必要让步。

塞尔维亚各民族中一直没有出现一个可以将各民族统一起来的"大民族"①。塞尔维亚族人不是这样的民族。其一，经济发展状况尚不足以决定其在多民族国家中的"大族"地位。塞尔维亚国内的纷争与动荡是其经济能力欠缺的突出表现。自独立以来，塞尔维亚经济始终没有走出低谷。塞尔维亚族人内部不同利益集团间的矛盾冲突不断削弱着自身的凝聚力和整体实力。其二，文化上并未得到国内其他民族的充分认同。如阿尔巴尼亚族人依然热衷沿袭原有的生活方式。其三，从民族意识上看，各利益集团之间矛盾重重。从整体上讲，他们对自身的存在、地位、利益、价值和文化传统的自觉，尚未达成共识。

三　民族利益诉求与地区建构相对抗的影响

阿尔巴尼亚民族利益与地区建构的对抗，为科索沃独立提供了种种条件，也使得塞尔维亚维持国家统一的努力举步维艰，主要表现如下。

（一）推动了几大派系对科索沃的染指，塞尔维亚国家重建隐现地缘之争

科索沃独特的地理位置使其具有重要的战略地位，各国都希望在这里扩大自己的影响；而因民族利益与地区建构的种种悖逆所引发的分离国家主权活动、国家稳定结构和力量基础以及人们对地区忠诚的缺失、政府保证人民个人利益的有限性等问题，又为几大派系染指科索沃问题提供了契机。在处理科索沃独立问题过程中，塞尔维亚政府和人民应始终掌握主导权，而其他各方应充分尊重其主权、独立和领土完整。但几大派系为实现自己的政治、经济利益，不断插手科索沃，实际上已使科索沃再度沦为大国争夺的战场。

科索沃独立牵动有关方面的政治神经。除与塞尔维亚和科索沃阿族直接关联外，科索沃问题也引起了美国、俄罗斯和欧盟的高度关注。美国和多数欧盟国家支持科索沃在国际社会监督下实现科索沃独立，并表示只有

---

① 参见恩格斯《致卡·考茨基（1882年2月7日）》，《马克思恩格斯全集》第28卷，人民出版社，1980。

科索沃独立才能保证巴尔干地区的稳定。出于地缘政治利益的考虑，俄罗斯反对科索沃单方面宣布独立。科索沃这块不足 9000 平方公里的弹丸之地缘何引起大国的关注？从地理位置看，科索沃所在的西巴尔干的战略地位极其重要，历来是大国角逐的重要场所，例如，俄罗斯反对科索沃独立就有对未来新的能源渠道的考虑。从历史的角度看，科索沃所在的整个巴尔干地区是名副其实的"火药桶"，即使冷战结束后，强国在该地区争夺势力范围的斗争始终没有停止，例如，美国迫切希望在该地区进行民主改造计划的实验。从现实形势看，科索沃的民族宗教问题错综复杂，例如，前南斯拉夫地区分裂的"后遗症"依然存在，巴尔干地区的许多民族需要重新增强民族认同感。基于上述考虑，有人评价说，科索沃是反映当前世界政治地图深刻改变的晴雨表。

（二）阻碍了国际人道主义援助（真诚援助、不干涉内政）对科索沃的支持力度

科索沃独立问题是一项长期的综合工程，不可能一蹴而就，需要国际社会做出长期的努力，需要联合国继续发挥积极的协调作用。国际社会对科索沃能否给予有力而持久的支持，直接关系到科索沃民族和解、社会稳定和经济发展的真正实现。

科索沃宣布独立后，首先面临的就是严重的经济问题，科索沃境内的大部分电力是靠塞尔维亚输送的，塞尔维亚目前已经切断了部分通往科索沃的电网，科索沃未来有可能陷入黑暗。另外，可以预计塞尔维亚将会对科索沃实施封锁，科索沃也会在短时间内遇到粮食困难。科索沃百姓的生活可能只会在短时间内遇到困难，因西方社会会从各方面给予支援。对于科索沃，最缺乏的是管理人才，尤其是国家体制、司法方面的人才以及技术人才，但这不是马上就能得到解决的。为保持地区经济的稳定，科索沃目前并不会立即发行自己的货币，而是继续选择使用塞尔维亚货币作为流通和结算工具，这将能最大限度地保持科索沃经济稳定，并能有效地保护科索沃居民们的财富。科索沃议会议员卡姆－克拉斯尼奇在接受记者采访时称，科索沃议会此前已经召开了紧急会议，就组建独立的国防力量一事进行了表决并通过。虽然科索沃议会就组建国防力量达成了一致，但截至目前，尚未最终确定科索沃军队的规模、装备体系以及训练模式等。

那些要对科索沃实施人道主义援助的国家，从维护自身国家利益出发，对其所要提供的具体援助很难不持谨慎态度，不大可能在目前其前景未定的情况下采取实质性的援助措施。而国际社会如不能尽快提供切实有效的帮助，科索沃前景将面临严峻的考验。

（三）为科索沃内部各方纷争的持续存在创造了前提

当民族主义成为分离国家主权的重要理念时，各种力量的持续对抗便顺理成章地获得了存在的前提。科索沃各方力量常常能便捷地接受边界外国际"朋友"的帮助，从中获得继续对抗的力量。科索沃问题，参与者很多。塞尔维亚和科索沃虽然是当事双方，但它们决定不了自己的命运，而手握决定权的却是欧美俄三方。

四　地区利益的重塑：从民族认同到地区认同

认同是一个学科交叉术语。它的生成意义在于构建有关"我们是谁""我们与他人差异"方面的概念。民族认同是国族认同的基础，国族认同是国家利益的重要组成部分，从某种意义上说，是国家存在和延续的关键。实现从民族认同到国族认同的转变过程，也是民族的国族化过程。认同理论有两种，即个人认同和集体认同。

如前所述，实现塞尔维亚的统一是科索沃地区利益的重中之重。但迄今为止，这个问题并未得到科索沃各族的普遍认同。事实上，地区利益的重塑已成为塞尔维亚捍卫国家统一的当务之急。这便意味着科索沃各族应完成从民族认同到地区认同的转变。

（一）理论依据和现实意义

1. 理论依据：民族认同可根据环境和条件的变化而不断自我调整

民族认同虽然具有形成后的惯性和稳定性，但不是一成不变的，可根据环境和条件的变化而不断进行自我调整。民族认同是集体认同的基本对象，但不是终极指向。随着经济的发展，民族难以完全满足其成员的多元化的诉求。以地区认同取代民族认同，意味着认同的层次多元化的出现。这是多层次、多维度的族际关系与国家关系发展的必然要求。民族主义可以利用民族利益、民族安危等词句去动员人民服从地区这个集体。

2. 理论依据：地区认同可通过民族利益进行建构

民族利益与利益观念的变化与扩展，可使地区认同的出现成为可能。地区认同是以传统文化符号作为工具，通过民族集团的组织和制度化建立起来，可通过民族集团政策加以引导和塑造。民族间共有观念的形成，既是历史的产物，也是民族地区化及其互动的结果。换言之，地区化是现代民族促进民族利益的手段，地区认同也是民族利益的建构结果，在族际互动过程中形成的共同利益观念建构着地区认同。

3. 现实意义：主权国家的基本属性和必然要求

实现从民族认同到地区认同的转变，既是主权国家的基本属性和必然要求，也是科索沃各族人民从其民族主义自身特性出发所做出的客观选择。

从科索沃民族构成和民族主义的表现形式看，在科索沃作为主权国家的一部分的发展进程中，地区认同赖以生存的基础始终是脆弱的、不完整的，民族的地区化始终难以完成。换言之，主权国家的属性和功能因为民族认同的脆弱和不完整而难以得到体现与释放。这便是科索沃长期动荡的关键所在。

可见，实现从民族认同到地区认同的转变，是塞尔维亚捍卫国家统一的基本前提，是塞尔维亚作为主权国家的基本属性和谋求生存发展的必然要求。

实现民族认同向地区认同的转变，是塞尔维亚作为多民族国家针对其民族主义的上述特征谋求生存和发展的客观选择。多民族国家的建立过程是一个不断地增进权力共管、国家统一、文化同质的过程，其他社会、政治力量的意向难免与之相悖。实现民族认同向地区认同的转变意味着，非主体民族集团与主体民族集团必须寻找到诸民族利益的结合点并以之为行为准绳，以对国家的忠诚代替对民族的忠诚。在这一过程中，主体民族必须不断完善自己，使自己有能力采取向非主体民族倾斜的政策，有实力为各民族的共同利益主动做出必要的让步，从而使多民族国家获得生存的基本条件。

（二）原则

1. 在认同层次中融入"国族"观念

地区认同的形成要求国族属下各民族人民改变传统的认同方式，在认同层次中纳入"国族"观念，并且将之作为新型的认同对象，支持本民族的地区化政策，挑战曾经作为最高认同对象的"民族"。

2. **兼顾和协调个人利益、民族利益与国家利益**

从本质上说，实现民族认同向地区认同的转变过程，是民族集团、主权国家政府协调个人利益、民族利益和国家利益的过程。集团越大，个体获得集体收益的份额就越小，即使集团能够获得一定量的集体物品，其数量也远低于最优水平；任何个体或集团子集从集体物中获得的收益很可能不足以抵消他们为此所支出的成本，而获得集体物所要跨越的障碍却要增多。当这些利益抵触时，民族集团、主权国家政府应当遵循的原则是：个人利益、民族利益与国家利益间尽可能兼顾和协调；民族利益与国家利益间尽可能兼顾和协调；在确实难以充分兼顾和协调的场合，这三类利益应有轻重缓急的次序，当依据具体情况而非抽象原则来确定。同时，应较多地关注人类共同体利益或全球安全，它们尚无足够有力和独立的权威代表，需予格外的关照。

（三）途径

实现从民族认同向地区认同的转变是理性化活动。在这一过程中，"通过给予人民一套符号，使狭小和局部的认同，归属于一个更大的认同，以允许统治者获得合法性……有效地管理整个国家"[①]，而地位与文化是这种集体认同构建的基本因素。对塞尔维亚而言，可通过以下途径来维护科索沃的统一。

1. **改善不同群体、不同阶级、不同阶层之间的不平等地位，以及不公平和不合理的社会现象**

包括通过营造适应现代化的政治、经济和文化氛围；提高社会"弱势群体"和"边缘人群"的收入；实行法律面前人人平等；尊重和承认少数民族使用本族语言的权利和合法性等措施，使其客观认识和解决自身发展的困难，正确对待现存的国际政治经济秩序；等等。以此增加上述人群改善社会地位的机会，消除不同地位集团之间的壁垒。

---

① Ernst B. Hass, *Nationalism, Liberalism, and Progress* (Vol. 1): *The Rise and Decline of Nationalism*, Cornell University Press, 1997, p. 30.

2. 建立能够容纳不同民族利益观念的文化体系

通过保存和发展族裔框架下体现血缘意义的本土文化，构建公民框架下体现共享的法律意义的公共文化，将民众的族裔共同体与地域政治共同体相融合，在国族领土范围内将公民共同体相联合，并使之融入为各族成员所认同的文化共同体中。民族国家的理想和结构，民族国家与国族认同的统一因此得到巩固和强化。

结　语

在多民族地区中，地区利益应是各民族利益的叠合，是不同民族集团对国内问题和国际环境享有一致或相近认知的产物。民族利益的建构作用通过各民族因应对共同的非安全因素而组建的联盟或联合得以形成。

民族主义的表现形式和本质内容对国家利益的内涵具有相当的规范作用。在当今的科索沃社会，理念上的地区利益的内涵与现实中各民族对地区利益的认知差距较大，各族往往将对本族利益的获得与保护放在首位，对自己族体的忠诚超越了对民族国家的忠诚。阿尔巴尼亚民族主义特有的表现形式，界定了不同民族主义在地区建构中的具体目标指向，也界定了不同民族集团的利益疆界。

民族主义与现代主权国家是共生关系。从人们共同体的发展进程看，在今后相当长的时间里，主权国家仍将长期充当国际关系中的行为主体，民族主义因此并非全球化所能取代的过时的观念，其存在和发展的合理性不会因其具有变态的表现形式而丧失。

科索沃地区利益的重塑已成为塞尔维亚维护国家统一的当务之急。民族认同是地区认同的基础，地区认同是地区利益的重要组成部分，从某种意义上说，是主权国家存在和延续的关键。地区利益的重塑将通过实现从民族认同到地区认同的转变完成。这既是主权国家的基本属性和必然要求，也是科索沃各族人民从其民族主义自身特性出发所做出的客观选择。从本质上说，实现民族认同向地区认同的转变过程，是民族集团、主权国家政府协调民族利益、地区利益和国家总体利益的过程，也是一种理性化的活动。对重建中的阿富汗而言，其实践途径主要包括改善不同群体、不同阶级、不同阶层之间的不平等地位，以及不公平和不合理的社会现象；同时，建立能够容纳不同民族利益观念的文化体系。

多民族国家自身的问题还需靠自己解决，塞尔维亚的统一需要动员国内各民族的力量，政府和各族人民应当始终掌握主导权。他国的干涉往往会加剧问题的复杂性和尖锐性，国际社会应充分尊重其主权、独立和领土完整。同时，塞尔维亚的统一需要国际社会做出长期努力，需要联合国继续发挥积极的协调作用。科索沃各方力量在接受来自国际社会的人道主义援助的同时，应对接受几大派系所提供"外援"的利与弊有清醒的认识：这类"外援"几乎都是有"条件"的；在获得"外援"的同时，很可能会失去更多。

从历史上看，一个地区能不能独立成一个新的国家，是与该地区所属的母国的力量和稳定密切相关的，三次民族国家独立浪潮都是原先的政治结构瓦解的结果，只要所在母国强大稳定，就不会出现分裂的情况。

一个新的民族政治国家宣布独立，除了领土、人口、政权这些基本要素，最重要的是得到国际社会承认。联合国只有是否接受一个国家为会员国的权力，并没有是否承认一个国家独立的权力。实际上，科索沃宣布独立，是前南斯拉夫解体后，该地区变化的一个尾声，只具有这个局部地区的意义，从现在的欧洲、亚洲、非洲和美洲等各大洲的地缘政治版图来看，基本都是相当稳定的，全球并没有哪个地区的政治秩序出现巨大变化，因此科索沃独立不可能是什么新的国家独立浪潮的导引，也不可能被模仿。

确立人权优先的理念，尊重别人的权利如同守护自己的权利，善于换位思考，坚持以和为贵，这应当作为中国文化的应有内涵，并成为中国政府和中国人立于世界的应有形象。

埃塞俄比亚咖啡仪式的多元文化表征[*]

高莉莉[**]

摘　要：埃塞俄比亚是咖啡的发源地，咖啡仪式自古以来就是埃塞人日常生活的一部分，在埃塞社会中具有独特的文化意义。本文从人际关系、神际关系、自然观、族群认同和女性成人礼等方面对埃塞咖啡仪式所承载的文化表征意义进行探讨，并结合咖啡仪式在近期埃塞政府推行的国家公共卫生服务项目——"公厕计划"中被赋予的新的角色，思考作为传统文化表征的咖啡仪式如何在政府的良治实践中实现了新的意义建构。

关键词：埃塞俄比亚　咖啡仪式　表征

表征（representation）是社会文化理论中的重要概念，它是意义生产和传播的途径，所有存在于人脑中的人、事、物都是我们对外部世界的表征，它不仅反映现实，也生产意义，并创造现实。斯图尔德·霍尔（Stuart Hall）在《表征——文化表象与意指实践》中认为文化符号具有任意性，文化的意义并不存在于客观事物当中，而是通过表征的过程获得建构。同时霍尔引入福柯的权力话语概念，认为表征的过程必然暗含权力的运作，是权力对意义的建构。作为人类学重要研究主题的仪式体现着群体在特定社会文化情景中行为和经验的意义，是族群文化的重要表征。无论是涂尔干对仪式"神圣/世俗"关系和行为的分析，还是特纳基于阈限对仪式过程的精细解读，抑或是格尔兹对仪式背后深层文化意义的阐释，仪式都早已不是孤立的存在，而是与其相关的文化意义紧紧地联系在一起。对仪式表征的研

---

*　本研究为 2019 年度国家社科基金冷门"绝学"和国别史等研究专项"'非洲之角'国家边界和跨境民族档案文献的整理、译介研究"之阶段性成果（项目号 19VJX063）。

**　中央民族大学民族学与社会学学院博士，天津职业技术师范大学外国语学院教授。

究有助于我们更加深入地理解仪式及其相关文化意义。

埃塞俄比亚（以下简称埃塞）是咖啡的发源地，咖啡仪式自古以来就是埃塞人日常生活的一部分，在埃塞社会中具有独特的文化意义。本文将从人际关系、神际关系、自然观、族群认同和女性成人礼等方面对埃塞咖啡仪式所承载的文化表征意义进行探讨，并结合咖啡仪式在近期埃塞政府推行的国家公共卫生服务的项目——"公厕计划"中被赋予的新的角色，思考作为传统文化表征的咖啡仪式如何在政府的良治实践中实现了新的意义建构。

一 埃塞俄比亚咖啡仪式

位于"非洲之角"的埃塞俄比亚是咖啡的诞生地，其咖啡起源的神话与一个来自卡法（Kafa）地区的牧羊人卡尔迪（Kaldi）有关。故事发生在公元 850 年，当时卡尔迪发现他的羊群吃了一种不知名植物的叶子和红色的果实之后变得异常兴奋和焦躁，于是他收集了种子带回镇上找牧师看个究竟，牧师看过之后，将豆子扔入火中，告诉他这是魔鬼吃的东西。没想到，加热的豆子散发出独有的香气，牧师进行了多方尝试，把这种植物的种子烘焙，磨成粉，然后冲水喝，发现这神奇的豆子能让他们在漫长的神圣祷告中保持清醒的头脑。自此，咖啡便成为埃塞人民日常生活中必不可少的饮品。

咖啡仪式是埃塞人日常生活的一部分，无论贫富贵贱，家家都有一套咖啡器具。它由一个小的炭火炉、一只平底锅、一个黑色圆底的陶土壶和几个无耳咖啡瓷杯组成。仪式一般在主屋或者客厅的中央进行，仪式前女主人会将青草和鲜花花瓣松散地铺在地面上，再摆上咖啡器具。客人到齐以后，主人会请德高望重的长者做祷告，孩子们会亲吻长者的手以获得庇佑，之后咖啡仪式正式开始。仪式一般由家里年轻的女性主导，她会先往炭火炉中加入一些木炭，在等火慢慢燃烧起来的同时，把新鲜的生咖啡豆放在热水中不停地轻轻摇晃直至咖啡豆的外皮自然脱落。当火燃烧起来的时候就把平底铁锅放在炉子上，将洗好的咖啡豆放在平底锅中慢火烤制，其间不停地摇动锅中的豆子使其受热均匀，伴随着烘干过程豆子发出噼啪的响声，绿色的生咖啡豆在逐渐升腾起的轻烟中变为棕色。女主人会端起刚离开炉火、依旧冒着轻烟、散发着独特香味、黑中透亮的咖啡豆在客人间行走，请大家享受它独特的香气。之后在一片赞叹声中，女主人把烤熟的咖啡豆放入筒状的木制容器中捣成粉末，捣好的咖啡粉被小心地倒入一个黑色圆底、长颈短嘴的陶土壶（Jebena）中加沸水进行煮制。随着咖啡壶中的热水再次沸腾，咖啡就煮好了。第一杯咖啡一般由孩子端给做祷告的长者，并由长者撒到地面，作为献祭，期望神灵能够给人们带来富裕和丰足的生活。随后女主人会把剩下的咖啡小心地倒出，均匀分到摆成一排的不同的瓷杯中，再由孩子依照长幼尊卑的顺序依次端给客人。客人们可依个人喜好加入适量的白糖后饮之，有时会加入几片有特殊香味的 Tena Adam 的叶子。咖啡仪式上最常见的小食是爆米花、花生或是熟大麦。当客人们开始饮食，女主人便会开始第二轮的煮制。咖啡一般要喝到三杯，仪式才算结束，因为当地人相信只有第三杯喝完后，喝咖啡的人才会受到心灵的净化和神灵的庇佑。

二 埃塞俄比亚咖啡仪式的文化表征

1. 仪式表征的神际关系

据记载，咖啡仪式的起源与埃塞东正教的宗教实践密切相关。咖啡发源地卡法在埃塞官方语言阿姆哈拉语中是"上帝的土壤或者植物"的意思。早先咖啡仪式是对 Etete 女神（阿姆哈拉语意为"母亲"）的崇拜，最初在可以与神灵沟通的 Adbar Warka 神树下进行。当地人相信神灵看到烤制咖啡时升腾的烟雾，就会了解到人们的期盼，会为他们降下甘霖滋养生命。咖啡有助于牧师在祈祷时保持清醒的神奇功效自古就是咖啡起源传说中的一部分，早已进入了这个民族的神圣性实践。咖啡仪式时所用的香料（ittan）也是埃塞俄比亚东正教教堂中所燃的香料，当地人相信燃烧香料的烟气能起到驱逐邪恶的目的，燃香既是咖啡仪式开始的标志也是吉祥的象征。而仪式的过程，经由祷告开始，到第一杯长者敬神，再到第三杯获得心灵净化和神灵庇佑的传统也体现了人神互惠的关系。因此咖啡仪式虽是埃塞人民日常生活必不可少的一部分，但早已打上了深刻的神圣性的烙印，是当地人沟通日常世俗生活和神圣世界之间的纽带。

2. 仪式表征的人际关系

咖啡仪式是埃塞家庭生活中最重要的活动，大家庭聚在一起，边喝边聊，通过一起喝咖啡的这种"共享"方式交流感情。与中国敬茶顺序相似，埃塞人喝咖啡也遵循一定的秩序，家中的长者最先得到咖啡。煮制咖啡、喝咖啡、再煮制、再喝这样的循环轮回要到三次（Adol，Tona，Beraka），首轮也由家中长者来说一些祝福的话语，喝到第二轮时众人才会谈天说地，闲聊家长里短，到喝完第三杯，完成整个仪式。在咖啡仪式上，长幼尊卑的秩序得以表达和加强。咖啡仪式也是家中长者通过向后辈讲述民间故事、风俗、谚语等方式进行知识传递、社会规范和价值观教育的良好时机，因此在咖啡仪式上文化认同得以加强和传承。①

咖啡仪式也是埃塞社会生活中不可缺少的人际活动。在传统社会中咖啡仪式为乡邻们围聚一起，讨论村中大事小情、调解矛盾、做出决定，或是八卦聊天提供了绝好的机会。每次咖啡仪式都要持续 1～2 小时，而这样的仪式，在传统社会中每天都要进行两三次。进入现代社会，随着生活节奏的加快，日常咖啡仪式的时间也逐渐缩短，但它仍是现代社会中埃塞人用以联络感情、相互沟通的传统方式。② 在咖啡仪式上，参加者之间讨论各种社会问题、交流信息，社会关系得以建立和维护，人际关系得以发展。

咖啡在日常人际关系中不可替代的作用也在埃塞语言中得到了充分的展现。在埃塞官方语言阿姆哈拉语中，以人际互动为主的第二轮咖啡品饮被称作 Tona，这个词来自咖啡发源地奥罗莫语，本意为"和谐"，可见咖啡仪式自古以来就在调节人际关系、塑造社会秩序中具有重要意义。阿姆哈拉语用"没有和我一起喝咖啡的人"表达"找不到一个可以信赖的人"的困境，用"不要让你的名字在喝咖啡的时候被人注意到"来提醒对方要注意自己的声誉，不要成为别人八卦的对象，这些语言上的用法也成为有关埃塞咖啡仪式与人际关系之间的地方性知识的表达。

3. 仪式表征的族群认同

咖啡仪式通过创建特殊的空间，把存在不同社会关系的人群聚合在一

---

① Bula Siriksa, "Buna Qalaa: A Quest for Traditional uses of Coffee among Oromo People with Special Emphasis on Wallaga, Ethiopia", *The African Diaspora Archaeology Network*, 2011（2）. Ayehu Bacha et., "Coffee Ceremony of the Macha Oromo in Jimma Zone, Ethiopia", *International al Journal of Humanities and Cultural Studies*, 2019（1）.

② Anteneh Mekuria Tesfaye, "Piggybacking the Traditional Coffee Ceremony as a Participatory Communication Strategy to Resolve Social Problems: an Assessment of Practices in Addis Ababa, Ethiopia", Online Journal of Communication and Media Technologies, Volume 1（4）.

起，通过共同的情感体验，满足了群体的凝聚心理，也成为埃塞社会独特文化的一种符号性表征。作为一个多民族国家，埃塞俄比亚历史上也有过各种各样的民族冲突和纷争，但无论怎样，各民族都共同保留着咖啡文化，咖啡仪式已经成为超越民族边界，体现着更广泛国家认同的特殊的文化符号。在全球化的今天，咖啡仪式对移居海外的埃塞离散族群具有重要的意义，是他们保持族群记忆和国家认同的特殊方式。David Palmer 对英国伦敦埃塞难民的研究认为传统的咖啡仪式为以难民身份生活在伦敦的埃塞人提供了相互交流和集体互助的平台，其所带来的群体凝聚力对个体在跨文化适应中缓解社会疏离引发的压力起到积极的作用。[①] 牛忠光对美国埃塞移民的研究也认为咖啡仪式作为一种物性仪式，和传统服饰和美食一起成为在美埃塞族裔在多元文化汇集的移居地社会中群体文化和身份认同的表达。咖啡仪式之于这些散落在世界各地的埃塞离散人群的重要意义从这些既有的研究中可见一斑。作为埃塞传统文化遗产，咖啡仪式也随着全球化的发生跨越了国家边界，承载着埃塞人的传统文化和集体记忆，建构着他们的文化归属感和族群认同。

4. 仪式表征的自然观

咖啡仪式体现了埃塞人对自然的崇尚。仪式空间的选取一定是在室内光线和通风都好的地方，常常靠近窗户或门，地面也会松散地撒上莎叶草和花瓣加以装饰，木制的小椅子和咖啡台、小的木炭火、陶土壶以及植物香料是一个浑然天成的仪式空间，体现了人与自然的和谐包容。从洗咖啡到烤咖啡豆再到磨粉和煮制，每一个步骤都不急不躁，手工完成，在时间打磨中沉淀着历史的记忆，而咖啡仪式带给人们的视觉、听觉、嗅觉、味觉的全面体验，更体现出埃塞人对美好生活最自然和最淳朴的理解。

5. 仪式表征的女性成人礼

埃塞咖啡仪式由女性主导，在仪式中女主人会身着民族裙装，完成从仪式准备到结束的全过程。传统的以男权为中心的社会中，咖啡仪式无疑为女性展现自我提供了一个平台和机会。根据埃塞社会传统，母亲需要将仪式教给自己的女儿，埃塞的女孩子到十六七岁就应该能独立完成咖啡仪

---

① David Palmer, "Beyond Buna and Popcorn: Using personal narratives to explore the relationship between the Ethiopian coffee (Buna) ceremony and mental and social well-being among Ethiopian forced migrants in London", *UK Advances in Mental Health*, 2010 (9).

式，否则就会遭人嘲笑，而是否能独立完成仪式也是女孩能否出嫁的一个重要标志。[①] 在这个意义上，咖啡仪式是埃塞女孩的成人礼，是女性家庭责任和社会责任的双重表达。

三 "公厕计划"中的咖啡仪式：政府良治的手段

作为世界最贫穷的国家之一，埃塞俄比亚公共卫生设施严重不足，根据 2014 年 Zehabesha 网站消息，在人口约为 300 万的首都亚的斯亚贝巴仅有 63 个公共厕所。为提高国家公共卫生设施普及率，政府于 2016 年启动了"公厕计划"，以首都亚的斯亚贝巴为试点，计划投资 3 万美元新建 3000 个公厕，2016～2019 年已完成新建公厕 600 个。但值得注意的是，在这些新建的公厕设施的宣传推广中，咖啡服务摊点成为与新设施同时出现的一个新景观。政府鼓励妇女将传统的咖啡仪式搬到路边，在为过往路人提供咖啡仪式服务的同时，向有如厕需求的民众介绍公厕这种新的公共卫生设施。据世行全球水实践咨询师 Seema Thomas 的博文，这种将咖啡仪式等附加服务和"公厕计划"相结合的方式是亚的斯亚贝巴公厕推广模式的五个值得学习的做法之一。在"公厕计划"中，传统的咖啡仪式不仅仅只是人们休息和交换信息的平台，也成为政府通过咖啡聚集民众进而对新事物进行宣传的手段。传统的咖啡仪式不但能够带来一定的经济效益，同时也是推广公厕使用、提高公共卫生服务的工具，被政府视为将减贫和提高公共卫生有效结合的创举。因此在"公厕计划"实施过程中，传统的咖啡仪式从日常家庭实践活动变成了政府推行良治，推动经济发展和公共卫生服务的手段，在这个意义上传统的咖啡仪式在"公厕计划"中成为政府话语体系的一部分，生产了新的意义，也不可避免地形塑了普通民众对"公厕"这个社会新事物的理解。

结　语

咖啡仪式作为惯例性举行的日常仪式，就像阿姆哈拉语中的谚语，

---

① Bula Siriksa, "Buna Qalaa: A Quest for Traditional uses of Coffee among Oromo People with Special Emphasis on Wallaga, Ethiopia", *The African Diaspora Archaeology Network*, 2011 (2).

"Buna dabo naw"（咖啡就是我们的面包），早已成为埃塞社会的"文化"食粮，构成了埃塞人民日常生活中必不可少的一部分。其意义超越了民族、阶层和性别的边界，反映了埃塞人民崇尚自然、长幼有序、好客友善的价值取向，是沟通世俗社会和神圣世界、调适和维系社会秩序的重要途径。在全球化的今天，咖啡仪式所承载着的丰富的民族情感和深刻的社会记忆也强化着埃塞俄比亚离散族裔的文化和身份认同。同时作为一种文化表征，咖啡仪式在当代也被卷入了政府的良治议题，进一步丰富着其独特多元的文化意义。

参考文献

郝永华：《Representation：从再现到表征——论斯图尔德·霍尔的文化表征理论》，《江西师范大学学报》2008 年第 6 期。

屈宇清：《埃塞俄比亚的咖啡渊源及其咖啡仪式的文化内涵探析》，《职业技术》2013 年第 9 期。

〔英〕斯图尔特·霍尔：《表征——文化表象与意指实践》，徐亮、陆兴华译，商务印书馆，2003。

张涛：《地方文化的表征与被表征——以吕巷小白龙信俗的当代建构为例》，华东师范大学博士学位论文，2019。

Abebe，Berhanu，"Mythological and Historical Background of Coffee"，*Kaffa Coffee*，July 1998：13 – 20.

Cady Gonzalez，"Coffee Ritual and the Politics of Open Defecation in Addis Ababa，Ethiopia"，*Center for African Studies Research Report* 2016 – 2017，2018.

Rita Pankhurst，"The Coffee Ceremony and the History of Coffee Consumption in Ethiopia"，*Ethiopia in Broader Perspective*，2019 Vol，2：516 – 537.

Yoseph Metasebia，"A Culture of Coffee：Transmediating the Ethiopian Coffee Ceremony"，Georgetown University，2013.

"Addis Ababa has only 63 public toilets for its 3 million residents"，https：//www. zehabesha. com/addis-ababa-has-only-63-public-toilets-for-its-3-million-residents/.

Seema Thomas Yitbarek，"Five take aways from the shared sanitation model in Addis Ababa"，https：//blogs. worldbank. org/water/five-takeaways-shared-sanitation-model-addis-ababa.

语言选择与国家认同

——魁北克与苏格兰语言政策比较研究

田　耘[*]

摘　要：少数民族语言在民族认同中起着重要的基础性作用，近年来世界各国民族分离主义事件频发，其中民族语言与国家公共语言的纷争被推上了风口浪尖。通过分析比较魁北克分离主义与苏格兰分离主义运动引发的语言政策差异与政策前后民众的分离主义倾向，本文发现：不论是以政策大力支持保护民族语言发展，还是以自由放任的态度对待民族语言，在语言发展上顺应民意不会激化民族分离主义情绪。因此本文认为：在制定语言政策时应当做好社会调查，在民意基础上制定政策，具体问题具体分析。在顺应民意的同时鼓励语言在民族认同与国家认同中带来的向心力，警惕其间可能出现的离心力，是民族语言成为维护国家长治久安的一剂良药。

关键词：语言选择　国家认同　民族认同　民族分离主义　魁北克苏格兰

近年来，世界各地的分离主义运动方兴未已。各国政府为维护国家统一，纷纷出台了以缓和分离主义情绪为目的的民族政策。同样是应对分离主义，不同国家政府出台的语言政策却有天壤之别：加拿大联邦政府在魁北克分离主义势力的压力下通过了加强法语教育的法案；在英国，长期以来存在分离主义的苏格兰地方语言盖尔语的地位却有所下降。上述看似相反的民族语言政策却带来了相同的结果，都起到了缓和分离主义情绪、维

---

* 田耘，中国社会科学院大学民族学与人类学研究所研究生。

护国家统一的作用。本文拟对这两个案例进行比较研究，从这个视角探究少数民族语言与国家认同之间的关系。

一　提高法语地位起到维护加拿大统一的作用

魁北克分离主义运动始终具有民族主义属性。魁北克省独立的支持者认为其独特的文化受到加拿大其他地区文化同化的威胁，而法语则受到更普遍的英语文化的排挤。纵观魁北克历史，保持法语文化在加拿大与魁北克省内的独特地位是魁北克人政治生活和文化生活的中心议题。历史上，英国殖民政府通过各种手段希望削弱法裔文化，并借此同化法裔居民，但这一举动遭到了魁北克法裔居民的强烈抵制。最后，英国殖民政府不得不在 1774 年颁布《魁北克法案》，承认法裔语言、宗教、经济制度在魁北克的地位。随着北美大陆的不断发展，大批英国移民迁入加拿大，在魁北克占绝对数量的法裔在人数上受到其他民族特别是英裔的挑战。所有的行政文件、法律条文都用英语书写，法裔不得不学习英语。在经济上，英国人掌握着包括金融、贸易、钢铁等魁北克的命脉，法裔同样要面对不会说英语的尴尬境地，多数法裔居民为了生存，不得不让自己的孩子学习英语。大多数居住在魁北克的英裔加拿大人可以忽视法语，但居住在加拿大其他省份的法裔加拿大人却不能忽视英语，否则难以生存。法语在魁北克的地位日趋降低，也成为魁北克法裔居民最担心的问题。

魁北克分离主义者认为，保护语言、身份和文化的最佳方式是建立一个独立的政治实体。[1][2] 1969 年《官方语言法案》从联邦法规的角度规定英语和法语同为加拿大官方语言，要求所有联邦机构提供英语或法语服务。1974 年的《官方语言法》（*Loi sur la langue officielle*）[3]，使法语成为加拿大魁北克省的唯一官方语言。该法案后被 1977 年的《法语宪章》（也称为第

---

[1]　Rita Devlin Marier, "New Quebec government could have problems over tax hike plans", *Reuters*, September 25, 2012.

[2]　Alexander Panetta, "Parti Québécois wins Quebec election 2012", *National Post*, Retrieved September 5, 2012.

[3]　Official Language Act, S. Q. 1974, s. 6.

101 号法案）所取代，法语成为魁北克省唯一的广告与教育语言。① 自 1980 年魁北克民族主义爆发以来，魁北克人党反复强调法语的重要地位，采取了包括否认部分"双语大学"这一办学模式②、限制英语学生的入学率与强制移民参加法语课程考试在内的法语教学政策。1982 年《加拿大权力与自由宪章》规定，英语和法语在公共领域享有同等地位，英法双语双轨制在加拿大确立。1995 年魁北克独立公投以微弱差距未获通过，2000 年《清晰法案》的出台修改了省独立条件，魁北克分离主义势力偃旗息鼓。

可以看出，有关法语地位的角力贯穿魁北克分离事件始末。法语作为魁北克法裔身份认同中极为重要的要素得到加拿大联邦政府的认可，而得到尊重的法裔居民便也承认了联邦政府的领导地位。这是因为，法语作为魁北克居民日常生活用语，存在广泛的群众基础。加拿大统计局 2016 年统计数据显示，魁北克省 77.1% 的居民母语为法语③。因此，尊重法语是尊重加拿大法裔居民、赋予他们平等社会权利的重要表现，提高法语的地位是维护加拿大国家统一的重要举措。作为国家的主人，魁北克的法裔公民在公投中做出了维护加拿大国家统一的选择。同时，加拿大现行的语言政策也顺应了联邦政府一直以来提倡的多元文化主义理念，将民族认同中源于语言差异的离心力转变成为维护国家认同的向心力。

二　保护苏格兰盖尔语没有威胁到英国国家统一

在大西洋的另一侧，苏格兰与魁北克同样由来已久的独立倾向在上次独立公投结束短短五年后再次卷土重来。2020 年 1 月，英国政府根据 1998

---

① Charter of the French Language, RSQ, c. C - 11.
② 魁北克省院校可以同时开设英语授课的课程与法语授课的课程，否认"双语大学"并非意味着禁止英语授课，而是不将使用两种语言授课的院校称为"双语大学"。否认"双语大学"意味着在魁北克攻读学位的以法语为母语的学生可以使用法语撰写英语课程的课程论文。
③ "Census Profile, 2016 Census-Quebec［Province］and Canada［Country］", *Statistics Canada*, 2017 - 08 - 02, Retrieved 2017 - 09 - 09. 这一数据相较 2011 年统计数据而言下降了约 1%，这与魁北克省近年来相对宽松的移民政策有关［"2011 Census of Canada：Topic-based tabulations-Detailed Mother Tongue（232），Knowledge of Official Languages（5）and Sex（3）for the Population Excluding Institutional Residents of Canada, Provinces, Territories, Census Divisions, Census Subdivisions and Dissemination Areas, 2011 Census", *Statistics Canada*, 2017 - 02 - 14, Retrieved 2017 - 09 - 09］。

《苏格兰法令》第30条正式拒绝了苏格兰首席大臣尼古拉·斯特金关于第二次苏格兰独立公投的请求。根据民调显示的数据，即使公投真的再次举行，苏格兰也难以独立。2019年9月18日，苏格兰举行了一次民调，其结果显示每10个苏格兰人中就有6个想留在英国。① 在2014年9月18日苏格兰举行的独立公投中55.8%的选民对独立说"不"。在英国脱欧的背景下，苏格兰民众的独立倾向自2014年至今呈现出了下降的趋势。② 民调公司对比了2014年苏格兰独立公投的结果（留英：55.30%，独立：44.70%）。苏格兰选择支持留在英国的人数，和2014年相比增加了4%。照此调查数字看，苏格兰独立并不具备绝大多数民众支持的民意基础。在这个调查中，当被问到是否以及什么时候再举行苏格兰独立公投时，只有27%的人希望斯特金在未来18个月内进行一次公投。调查还发现，在2014年投下独立票的人中，竟有36%的人转舵，希望苏格兰留在英国。另有28%的人希望再也不要搞什么独立公投。超过一半的人（51%）表示，再搞独立公投，只会让苏格兰内部愈发四分五裂。③ 2020年初，笔者在苏格兰旅行期间对接触到的民众做了随机访谈，验证了上述民调结果，其中比较典型的一例是1月3日我对一位苏格兰出租车司机的采访。

问：你如何看待苏格兰独立公投？

答：苏格兰人想要的不是独立，我们都知道独立不但无法解决问题还会带来更多问题。我们想要的是经济利益与更大的自治权，特别是关于石油的，脱欧让人不安，必须想办法应对。

问：你如何看待苏格兰民族党？

答：我身边已经不再有人支持苏格兰民族党，我知道他们肯定还在某处活动，但我很怀疑他们是否还能获得关注。我认为他们是一群很极端的人，我是说，如果你想领导一个国家，你必须考虑得更为周到，而他们只想独立，这是行不通的。

当我询问她是否会说民族语言的时候，她这样回答："不，我不会

---

① https://www.telegraph.co.uk/news/2017/06/15/poll - six - 10 - scots - want - nicola - sturgeon - drop - second - independence/.

② https://www.bbc.com/news/uk - scotland - edinburgh - east - fife - 49932819.

③ https://www.survation.com/results - from - latest - scottish - polling/.

说盖尔语，肯定有人还会说，但我认识的人里没有会说盖尔语的人。这真的令人感到遗憾，但是没人能阻止盖尔语的消亡。但事情就是这样，你无法阻止它的消失，也没有必要阻止。"

与魁北克相比，苏格兰民族语言的情况更为复杂，除苏格兰盖尔语以外，"苏格兰语"长久以来也被认为是苏格兰文化的传承者。但是，尽管使用苏格兰盖尔语的人少于苏格兰语，盖尔语仍然被视为苏格兰独特的文化象征，在苏格兰议会中享有特权地位，并有大量公共资金用于保护和推广盖尔语。《欧洲区域或少数民族语言宪章》第三部分要求欧洲国家和地区对推广其民族语言做出更大的承诺，对于苏格兰而言，苏格兰盖尔语而非苏格兰语获得了此项资助。

这一现象或许可以归因于苏格兰盖尔语后期的贵族化趋势，即盖尔语逐渐成为贵族阶级使用的语言，平民百姓没有学习的机会。与拉丁文的消亡史类似，在19世纪盖尔语由于无法成为商业语言、科学语言、印刷语言或文学语言而日渐式微。以方言为基础的国家语言（在本文涉及的案例中是英语）取得了愈来愈高的权利和地位，因而英语逐渐将盖尔语挤出了苏格兰。[1]

尽管近年来这两种民族语言的使用人数都在逐渐减少，但这两种语言之间依旧存在竞争关系，甚至可能在客观上导致苏格兰裔内部的分歧。有专家认为："苏格兰语的主要竞争对手不是英语，而是盖尔语，至少在对苏格兰民族认同方面是这样的。"[2] 苏格兰盖尔语与爱尔兰盖尔语相似，而苏格兰语与英语相似。苏格兰盖尔语与现代曼克斯语和爱尔兰语一起，作为爱尔兰语的后裔，由旧爱尔兰语派生而来。现代苏格兰盖尔语的大多数词汇来自凯尔特语。有大量的拉丁语、古希腊语，特别是在宗教领域更多融合了挪威语、希伯来语、法语和苏格兰低地语。苏格兰语的语法及用法与英语十分相似，该语言长期和英语平行演化，即一种自古时便历久存在的同源变体，有时被视为独立的语言，有时被视为英语的方言之一，学界依旧存在争议。而苏格兰语与英语的相似度更高，使其使用人数也略高于盖

---

①　安德森：《想象的共同体：民族主义的起源与散布》，上海人民出版社，2003，第75页。

②　J. Costa, "Language history as charter myth? Scots and the (re) invention of Scotland", *Scottish Language* 28 (2009): 1 – 26.

尔语。有学者认为，这两种语言都可以起到构建苏格兰民族认同的作用，在苏格兰民族认同的构建方面，盖尔语不比苏格兰语更加有优势。[1] 但即使如此，2011 年苏格兰地方政府的调查显示，大多数受访者对盖尔语的支持程度较高，甚至那些不会说盖尔语的苏格兰人也认为盖尔语是自己国家身份的象征。

从表 1 可以看出，苏格兰盖尔语的使用者已经低于苏格兰语的使用人数。盖尔语的式微与苏格兰独立倾向的削减是同步发生的。1707 年苏格兰与英格兰合并，1745 年詹姆斯党起义（Jacobite Rising）失败后，英国政府开始实施高地大迁移（Highlands Clearances）政策，苏格兰地主迁出或者被迫迁出高地，这完全摧毁了盖尔语的生存基础。到 1750 年就只有 23% 的苏格兰人还讲盖尔语；到 1800 年，这一数字下降到 18%；到 1900 年，只有 28000 人会说盖尔语，占苏格兰人口的 0.6%。[2]

表 1　2011 年苏格兰三大城市语言掌握状况分布表

单位：%

议会区	语言类型					
	英语	盖尔语	其他	苏格兰语	英语手语	波兰语
阿伯丁	85.5	0.2	9.2	1.9	0.3	2.9
邓迪	91.5	0	6.3	0.7	0.3	1.2
爱丁堡	86.8	0.2	9.8	0.6	0.2	2.4
格拉斯哥	86.5	0.4	10.9	0.5	0.3	1.3

资料来源：苏格兰统计局。

2000 年 3 月 2 日，在新召开的苏格兰议会第一次盖尔语辩论中，西苏格兰议会工党议员阿拉斯代尔·莫里森使用流利的盖尔语向议会讲话。虽然莫里森继续谈到盖尔语对苏格兰传统的重要性，但绝大多数苏格兰议会工党议员在他的演讲之后需要翻译成英语才能理解。[3] 根据 2011 年苏格兰人口普查，大约 1.7% 的苏格兰人拥有使用盖尔语的能力，0.63% 的人口声

[1] R. M. Millar, *Language, Nation, and Power: An Introduction*, New York: Palgrave Macmillan., 2005.
[2] C. Chhim, & É. Bélanger, "NATIONS AND AS Language as a public good and national identity: Scotland's competing heritage languages", 2017, https://doi.org/10.1111/nana.12347.
[3] "Gaelic lessons for parliament", *BBC News*, 2000.

称可以流利使用盖尔语。此外，大约 2/5 的受访者表示盖尔语对于他们的国家认同感很重要。在爱丁堡和格拉斯哥，"新"盖尔语使用者的数量也在不断增加①。但有学者指出，这是"盖尔文艺复兴"的产物。在这一时期，盖尔语和高地文化被用来代表整个苏格兰。② 盖尔语的衰退一直持续至今。2014 年的人口普查显示，仅有 497 名苏格兰中小学生来自以盖尔语为主要语言的家庭。③ 目前，大约有 6 万人可以流利使用盖尔语和英语两种语言，占苏格兰人口的 1%。

英国政府对苏格兰盖尔语采取了"放权"政策，任由苏格兰地方政府和民间组织推进盖尔语。但是，这种政策对建构苏格兰"国家认同"不会产生推动作用，同样也不会威胁到英国的国家统一。这是因为，盖尔语在当代苏格兰社会生活中只能作为一种文化遗产存在，既没有重新广泛使用的民意基础，也没有实际使用的必要性和可行性。

结　论

探讨语言选择与国家认同之间的关系，首先应当明确何为语言选择。语言的社会构建论认为：语言既反映社会认同，又创造社会认同。④ 语言在本质上是一种社会现象，承载了一个民族的历史，也表达了一个民族的现实，它可以塑造一个民族，也在一个民族中反映出来。语言选择是基于使用者社会文化背景与民族情感做出的选择，既是一个文化问题也是一个政治问题。文化根基是否稳固决定了语言选择能否进行，而政治意愿是否强烈决定了民族语言选择结果。语言创造社会认同的功能意味着少数民族语言的使用将加强民族认同。

---

① E. McEwan – Fujita, "Ideology, affect, and socialization in language shift and revitalization: the experiences of adults learning Gaelic in the Western Isles of Scotland", *Language in Society* 39 (2010): 27 – 64. W. McLeod and B. O'Rourke, "'New speakers' of Gaelic", *Applied Linguistics Review* 6, 2 (2015): 151 – 172.

② S. Macdonald, "The Gaelic renaissance and Scotland's identities", *Scottish Affairs* 26 (1999): 100 – 118.

③ L. Paterson et al, "Public attitudes to Gaelic and the debate about Scottish autonomy", *Regional & Federal Studies* 24, 4 (2014): 429 – 450.

④ 李芳：《语言与身份认同研究的主要流派和方法》，《中国社会语言学》2016 年第 2 期，第 72～83 页。

少数民族语言在民族认同中起着重要的基础性作用①，而民族认同与国家认同之间始终存在既矛盾又统一的关系。民族认同强调独特性，而国家认同要求的则是包容。由于认同方式存在差异，二者之间出现冲突的现象也时有发生②。民族语言提升了少数民族的独特性，对增强少数民族认同有着积极的促进作用，这也意味着其对于国家认同而言是解构的。在少数民族分离主义面前，要格外重视民族认同与国家认同之间的矛盾。加拿大与英国的实践经验对于要以怎样的态度对待民族分离主义局势下的少数民族语言这一问题给出了符合当地民族特色的答案。

魁北克与苏格兰的案例表明在民族语言发展上顺应民意不会激化民族分离主义情绪。在制定语言政策时应当做好社会调查，在民意基础上制定政策，具体问题具体分析，切忌将其他地区的经验生搬硬套。对比魁北克法语与苏格兰盖尔语我们可以发现，这两种语言内部群众基础不同，外部压力也不同。法语在法裔内部受众更为广泛也更为单一，盖尔语受众面狭窄且存在竞争语言。倘若在苏格兰实施在魁北克行之有效的语言强化政策，将会激化讲盖尔语的苏格兰人与讲苏格兰语的苏格兰人之间的矛盾，造成民族分裂，使激进者更为激进；倘若在魁北克实施苏格兰的放任语言自由发展的政策，将会激怒魁北克法裔民众，使其感到不受重视并认为只能以独立来保护法裔文化，进而导致民族分离主义情绪的迸发。

之所以要在民族语言政策上顺应民意源于语言作为社会现象的本质。一门语言从何缘起又将向何处延伸，其中的影响因素非常多。脱离开孕育该语言的社会环境将难以对其进行揣测，而在这方面语言的使用者最有发言权。若以缓和分离主义情绪、维护国家统一为出发点，则要注重一切语言政策应当从实际出发，实事求是。在顺应民意的同时鼓励语言在民族认同与国家认同中带来的向心力，警惕可能出现的离心力，是民族语言成为维护国家长治久安的一剂良药。

---

① 马峰：《浅谈保护和传承少数民族语言的重要性》，《内蒙古统战理论研究》2019 年第 5 期，第 12～15 页。

② 石梦：《复杂性理论对我国民族教育研究的启示》，《中国民族报》2015 年 1 月 2 日第 6 版。

学术史与研究动态

当前中华民族共同体意识研究动向*

——基于 CNKI 数据库文献的分析

吴春宝　孟祥凤　尼玛次仁**

摘　要：铸牢中华民族共同体意识是新时代我国民族工作的主体，对实现中华民族伟大复兴的中国梦具有重大理论价值与现实意义。本文对 CNKI 数据库内的相关研究文献进行了分析。结果表明：当前研究成果已经搭建起了多维的研究框架，并为铸牢中华民族共同体意识勾勒出了清晰的路径。然而，在研究深度、研究重心、研究视角以及研究方法等方面，中华民族共同体意识研究还有待进一步完善。

关键词：中华民族共同体意识　文献研究　评述与展望

一　研究缘起

在全球化日益深化的背景下，文化多元主义、族裔民族主义等民族政治思潮传入我国。这些理论思潮一方面为我们理解我国民族政治现象提供了理论视角与新知工具；另一方面对我国多民族国家整合及中华民族共同体建设产生了潜在的消极影响。加之，国内局部地区存在的民族分裂势力、宗教极端势力及暴力恐怖势力，严重危害了我国民族团结进步事业和国家

　＊　本文为西藏高校民族思想政治教育教学团队 2019 年西藏自治区高等教育教学改革研究重点项目"以习近平 3·18 讲话精神引领西藏高校思政课创新发展研究"（JG2019 - 05）阶段性成果。

＊＊　吴春宝，汉族，河北沧州人，博士，西藏大学马克思主义学院副教授、硕士生导师，主要研究方向为多民族国家建设与民族事务治理；孟祥凤，1991 年生，西藏大学马克思主义学院讲师，主要从事高校思想政治教育研究；尼玛次仁，1976 年生，西藏大学马克思主义学院院长，讲师，主要研究方向为思想政治教育。

政治安全。综合国内外多种因素，民族问题与发展问题、社会问题、宗教问题等的相互叠加，对中华民族共同体建设造成了极大挑战。党的十九大对我国的民族工作提出了"全面贯彻党的民族政策，深化民族团结进步教育，铸牢中华民族共同体意识，加强各民族交往交流交融，促进各民族像石榴籽一样紧紧抱在一起，共同团结奋斗、共同繁荣发展"的明确要求。随之"铸牢中华民族共同体意识"也被写入了《中国共产党党章》。可见，中华民族共同体意识的提出，既反映了党和国家对新时代我国民族事业发展的规律性把握及处理民族问题的新理念、新思想，同时在中华民族伟大复兴的关键时期，也符合中国特色社会主义建设时期的时代要求。

相比政治上的关切，2014 年中央民族工作会议以后，特别是十九大的胜利召开，有关中华民族共同体研究再次成为学界关注的热点。学术界围绕如何铸牢中华民族共同体意识等相关问题进行了深入讨论，并形成了一定数量的研究成果。从知网收录的论文来看，搜索主题包括"中华民族共同体意识"一词的文献共有 954 篇，从不同年份的刊文量来看，2019 年数量最为丰硕，共 563 篇（如图 1 所示）。基于此，本文意在通过梳理和分析 2014～2019 年 CNKI 库中的学术文献，从概念内涵、历史延展以及存续逻辑及现实培育等多个层面展现当前中华民族共同体意识研究的新进展。

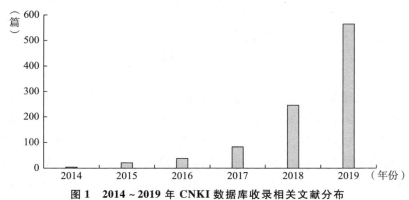

图 1　2014～2019 年 CNKI 数据库收录相关文献分布

二　"中华民族共同体意识"研究搭建了立体化的理论框架

构建中华民族共同体意识的理论体系是学界当前亟待解决的核心问题。中华民族共同体意识是什么、如何形成、有什么作用等是学者必须回答的重要问题。从研究成果的主要内容来看，自 2014 年以来学界对"中华民族共同体意识"搭建了较为系统和全面的理论框架，较为系统地回答了中华民族共同体意识的形成历史、本质属性以及主要特征。具体而言，基于历史向度分析，中华民族共同体意识的形成是由自在到自觉的过程；从价值功能来看，中华民族共同体意识的政治意义已经成为学者普遍性共识；就特征而言，特定的文化心理符号是中华民族共同体意识最重要的外在特征。

（一）历史视域下的中华民族共同体意识研究

对中华民族共同体意识做时间上的纵向研究是既有研究中较为丰富的研究成果，学者观点大体趋于一致，即"华夷之辨"初露中华民族共同体意识自在的雏形，而中华民族共同体意识的自觉是在近代西方民族主义思潮和民族存亡危机的双重冲击下形成的。

在史前阶段，中华民族共同体意识便开始孕育了，作为研究人类起源的重要区域，我国大量的新石器考古文化不仅呈现出区域性特点也证实了彼此的交融。伴随着相互之间的交往，黄河流域的农耕文化与周边的异域文化之间逐渐形成了"夷夏有别"的观念，这便为中华民族共同体意识的形成建立了最初的雏形。①

在古代阶段，周人构造"天下观"将"蛮夷"第一次纳入了天下体系，强调"中国"与"四夷"的文化差异，认为"蛮夷戎狄"是被教化的对象，接受中国文化教化便为天子臣民；春秋战国时期，百家争鸣有了"四海之内皆兄弟""大一统"的论断；秦统一天下，"六合之内，皇帝之土"奠定了大一统的政治基础；汉时的"华夷共祖"；魏晋南北朝的"华夷皆是正统"，隋唐时期的"华夷一家"，元时的"蒙汉一家"，清时的"满汉一家"都体现了中华民族共同体意识的历史延续性。②

---

① 乌小花：《中华民族共同体意识的演进与深化》，《贵州省党校学报》2018 年第 6 期；王文光、徐媛媛：《中华民族共同体意识形成与发展的历史过程研究论纲》，《思想战线》2018 年第 2 期；潘君喜、敖思：《论中华民族共同体的形成与云南早期文明起源》，《历史学研究》2018 年第 2 期。
② 朱亚峰：《历史进程中的中华民族共同体建设——以民族关系为研究视角》，《民族问题研究》2018 年第 6 期；闫丽娟、李智勇：《"中华民族共同体意识"的理论渊源探究》，《广西民族研究》2018 年第 4 期；严庆、平维彬：《"大一统"与中华民族共同体意识的形成》，《西南民族大学学报》（人文社会科学版）2018 年第 5 期。

到近代以前，中华民族共同体意识处于"自在演进"的状态。在亡国灭种的历史命运和西方民族主义思潮的夹击下，中华民族共同体意识开始在近代自发地觉醒。从梁启超单一概念的"中华民族"到泛指中国疆域内所有民族的"中华民族"，从孙中山的"五族共和论"到"国族论"，反映了中国近代民族资产阶级知识分子为共同抵御内忧外患凝聚精神力量所做的贡献。随着抗日战争的打响，从国共两党对中华民族概念的分歧，到学界顾颉刚与费孝通的论辩，同样反映了近代中国先进分子对重构"中华民族一体"的思考。①

1989 年费孝通先生提出"中华民族多元一体格局"理论，将中华民族的阐述提升到了历史新高度。他认为中华民族作为一个整体经历了从"自在"到"自觉"的认识过程，并将表现在各民族文化上的多元性和政治上的不可分割性统一起来，构建了一个具有凝聚力的政治文化共同体。党的十九大报告中，习近平总书记提出"铸牢中华民族共同体意识"的论断，完成了从学术观点到政治话语的巨大飞跃，成为实现中华民族伟大复兴的重要精神力量。在全球化背景下，中华民族将对内凝聚中华民族共同体，对外融入人类命运共同体，提升中国特色社会主义的世界话语权。总之，中华民族共同体从来不是想象的共同体，而是孕育几千年的历史共同体。②

（二）基于政治功能的中华民族共同体意识研究

加强中华民族共同体意识功能的研究，也是诸多成果重点研究的主要内容。众所周知，我国自古以来就是一个多民族国家。多民族既是我国的基本国情，又是我国的一大优势。中华民族共同体既是文化共同体，更是政治共同体。因此，加强中华民族共同体意识的研究对加强民族团结和国家统一具有重大现实意义。从该意义上讲，基于中华民族共同体意识的政治属性也就成了学术界探讨的核心内容之一。铸牢中华民族共同体意识本

---

① 闫丽娟、李智勇：《"中华民族共同体意识"的理论渊源探究》，《广西民族研究》2018 年第 4 期；乌小花：《中华民族共同体意识的演进与深化》，《贵州省党校学报》2018 年第 6 期；赵焱：《基于历史逻辑与理论逻辑视阈下的中华民族共同体》，《胜利油田党校学报》2018 年第 7 期。

② 严庆、平维彬：《"大一统"与中华民族共同体意识的形成》，《西南民族大学学报》（人文社会科学版）2018 年第 5 期；闫丽娟、李智勇：《"中华民族共同体意识"的理论渊源探究》，《广西民族研究》2018 年第 4 期。

质上就是不断强化各民族对伟大祖国的认同。纵观王朝历史，民族与国家相伴而生，国家在民族产生过程中起了型铸民族的作用。秦始皇统一六国，多民族国家的一体格局基本形成，此后几千年王朝政权的冲突与整合始终保持着"大一统"的政治格局，各少数民族逐鹿中原是这个民族共同体你来我往的政治体现。[①] 立足现实问题，民族因素的矛盾是多民族国家普遍存在的问题，多民族国家的民族认同往往凌驾于国家认同之上，西方敌对势力企图借此煽动我国分裂势力制造事端，破坏民族团结，因此在与西方"民族国家"理论体系的对话中，用"中华民族共同体"的理论来超越"民族国家"理论体系的话语权威，增强各民族的国家认同不失为一个好的选择。[②]

展望未来，面对复杂多变的国际环境，在全球化视域下，国际政治无法突破国家利益实现真正的共享世界，习近平总书记提出人类命运共同体的理念为人类文明指明了方向，因此铸牢中华民族共同体意识是构建人类命运共同体的需要。[③] 民族与国家之间从来不构成单向决定论，国家是民族维系的制度保障，民族是国家复兴的精神力量。可见，民族认同在全球化时代仍然有很强的生命力[④]，"在识的元素背后必然存在体的支撑，这就是国家"[⑤]。

（三）基于文化心理特征的中华民族共同体意识研究

中华民族共同体意识的文化属性是学术界探讨的又一核心内容。中华民族文化是中华民族共同体的重要载体。民族最重要的特征是表现在共同

---

① 严庆、平维彬：《"大一统"与中华民族共同体意识的形成》，《西南民族大学学报》（人文社会科学版）2018 年第 5 期；李宝刚、张新南：《理解中华民族共同体意识的三重向度》，《社科纵横》2018 年第 11 期。
② 郝亚明、赵俊琪：《"中华民族共同体"：话语转变视角下的理论价值与内涵探析》，《北方民族大学学报》（哲学社会科学版）2018 年第 3 期；孔亭：《铸牢新时代中华民族共同体意识》，《山东干部函授大学学报》2018 年第 10 期。
③ 龙金菊、高鹏怀：《中华民族共同体构建的复线逻辑——基于政治解释与文化解释的契合路径》，《湖北民族学院学报》（哲学社会科学版）2018 年第 5 期。
④ 林林、赖海榕：《习近平关于中华民族共同体意识的重要论述探析——对全球化视域下中华民族共同体意识的塑造》，《经济社会体制比较》2019 年第 5 期。
⑤ 青觉、徐欣顺：《中华民族共同体意识：概念内涵、要素分析与实践逻辑》，《民族研究》2018 年第 6 期。

文化上的共同心理素质，民族的心理认同最重要的依据就是共同文化。中华文化是中华各民族共同创造的，各民族文化在长期的历史发展过程中相互影响又各具特色，形成了表现在多元文化上的共同价值取向。铸牢中华民族共同体意识能够更大限度地将各民族自身的优秀文化融于中华民族文化之中，将中华民族主流文化渗透到各民族文化之中，形成你中有我，我中有你的文化共同体。因此，中华民族文化不仅包括历史中沉淀出来的民族传统文化、血肉凝聚的革命文化和引领社会主流的社会主义文化，还吸纳了世界其他国家文化。[①]

共同体意识首先意味着意识共同体，由成员的共同性关怀所支配，这需要成员之间心灵的相互通约从而形成聚合，才能解决"我们曾经是谁？现在是谁？未来要成为谁？"的问题。[②] 回看历史，中国之所以在多次历经政权割据、分裂后，最终走向统一，是因为强大的统一意识起了重要的作用，统一意识是民族共同体意识生成的重要心理基础。近代中国之所以落后于西方，其根本原因就在于固守"天下"观念，缺乏国家意识和民族意识，在救亡图存的危难时刻，各族人民都遭受了列强殖民的迫害，中华民族共同体意识才真正觉醒。朝鲜族和回族作为我国具有特殊历史原因的少数民族，就是在抗战的历史命运下形成了"中华民族一体"的心理认同，在中国共产党的感召下，回汉民众团结抗战，坚决抵抗日本侵略，无疑增进了回汉两族的民族情感。因此，中华民族共同体也是基于心理上的共同情感、共同道德规范、共同价值目标的共同体。[③]

[①] 朱碧波：《再论中华民族共同体的多维建构》，《贵州师范大学学报》（社会科学版）2018年第4期；林彦虎：《论民族文化认同的价值共识建构的双重动力》，《新疆大学学报》（哲学·人文社会科学版）2018年第2期；陆卫明、张敏娜：《铸牢中华民族共同体意识论略》，《贵州民族研究》2018年第3期。

[②] 青觉、徐欣顺：《中华民族共同体意识：概念内涵、要素分析与实践逻辑》，《民族研究》2018年第6期。

[③] 李宝刚、张新南：《理解中华民族共同体意识的三重向度》，《社科纵横》2018年第11期；青觉、赵超：《中华民族共同体意识的形成机理、功能与嬗变——一个系统论的分析框架》，《民族教育研究》2018年第4期；刘会清、姜桂石：《对民族与民族共同体的多维思考——以我国朝鲜族的形成为例》，《内蒙古民族大学学报》（社会科学版）2018年第1期；哈正利、张福强：《抗战时期回族精英的中华民族共同体意识——以〈中国回教救国协会会刊〉为中心的分析》，《北方民族大学学报》（哲学社会科学版）2018年第6期。

三 中华民族共同体研究勾勒出了清晰的实践路径

2014～2019 年，学界对铸牢中华民族共同体意识实践路径的研究也有了进一步的拓展，相关研究各有侧重，颇具价值，但仍有一些学者的观点大而化之，缺乏深度。因此对实践路径的梳理和概括，可以为相关研究提供对路径探讨的反思。研究大体可以分为政治整合、文化共建、经济共享三大路径，此外还有学者提供了相关国外经验，拓宽了铸牢中华民族共同体意识的研究思路。

（一）政治整合路径

首先，铸牢中华民族共同体意识的法制手段。"法令行则国治，法令弛则国乱。只有树立对法律的信仰，各族群众自觉按法律办事，民族团结才有保障，民族关系才会牢固"[①]。宪法是关于国家认同的根本法，将中华民族共同体的概念写入宪法，确立中华民族共同体的宪法地位，彰显中华民族共同体的政治—法律共同体性质，用最高法律来维护中华民族共同体的话语权威也是传统国家向现代国家转型的需要。因此，保障民族地区司法公正是维护社会稳定，增进民族互信的前提，依法打击一切分裂破坏活动，坚决维护国家统一是铸牢中华民族共同体意识的政治前提。[②]

其次，铸牢中华民族共同体意识的制度保障。坚持和完善民族区域自治制度是我国解决民族问题的基本政策，长期的实践经验表明其科学性与正确性，认真遵循民族区域自治制度的基本原则，不忘我们党建立民族区域自治制度的初心，始终坚持统一与自治相结合，完善民族区域自治法，

---

① 国家民族事务委员会编《中央民族工作会议精神学习辅导读本》，民族出版社，2015，第123 页。
② 倪国良、张伟军：《中华民族共同体的法治建构：基础、路径与价值》，《广西民族研究》2018 年第 5 期；魏健馨：《共同体意识的宪法统合》，《学习与探索》2018 年第 7 期；常安：《习近平中华民族共同体建设思想研究》，《马克思主义研究》2018 年第 1 期；包国祥、白佳琦：《新时代中华民族共同体意识培育研究》，《内蒙古民族大学学报》（社会科学版）2018 年第 6 期。

是培养中华民族共同体意识的制度保障。① 民族事务治理的法治化和现代化是促进少数民族地区社会公平正义和强化各少数民族公民身份认同的重要途径，有助于实现全体公民不分民族身份的真正平等。因此应该加大普法宣传力度，树立各民族群众对法律的信仰，充分发挥法律在铸牢中华民族共同体意识中的作用。② 建立健全民族理论与政策的学科体系，完善中国特色民族理论，让学术话语紧跟时代步伐也是铸牢中华民族共同体意识的必要途径。一方面，转变民族理论与政策体系不能准确反映我国民族工作取得的新进展和有效指导下一步的民族工作实践的局面。另一方面，进一步完善对中华民族共同体的理论阐释，明确中华民族共同体的真实存在，有效防范与避免历史虚无主义及多元话语体系的"中华民族"解构，健全各民族的中华民族共同体认知。③ 加强城市民族工作，促进民族交往交流交融是新时期民族工作的重点。让少数民族更好地融入城市，构建民族互嵌式社区，创造各族群众共居、共学、共事、共乐的良好氛围，推进少数民族在内地就业、流动的保障机制，实现地理空间、社会关系、文化格局、心理认同上的互嵌，使各民族相互了解、相互尊重、相互帮助，形成以情感为基础的地缘—社区共同体意识，从而上升到中华民族共同体意识。④

再次，铸牢中华民族共同体意识的民族政策。民族政策是铸牢中华民族共同体意识的最重要手段。从近代我国西南边疆地区来看，由于顺康雍乾四朝在西南边疆实施了合理的民族政策，西南疆域日益巩固，西南边疆民族对

---

① 格日勒图、金炳镐：《党的十九大精神与新时代民族工作》，《云南民族大学学报》（哲学社会科学版）2018 年第 1 期；倪国良、张伟军：《中华民族共同体的法治建构：基础、路径与价值》，《广西民族研究》2018 年第 5 期；邓磊、罗欣：《习近平铸牢中华民族共同体意识理路探析》，《社会主义研究》2018 年第 6 期。

② 宋才发：《运用法治思维推进民族区域自治的实践进程——纪念中国改革开放 40 周年》，《信阳师范学院学报》（哲学社会科学版）2018 年第 3 期；常安：《习近平中华民族共同体建设思想研究》，《马克思主义研究》2018 年第 1 期；高成军：《中华民族共同体意识的公民身份建构》，《宁夏社会科学》2018 年第 6 期。

③ 王延中：《铸牢中华民族共同体意识　建设中华民族共同体》，《民族研究》2018 年第 1 期；冯育林：《从中华民族到中华民族共同体的概念考察及其建设析论》，《西北民族大学学报》（哲学社会科学版）2018 年第 3 期。

④ 王延中：《铸牢中华民族共同体意识　建设中华民族共同体》，《民族研究》2018 年第 1 期；平维彬：《互嵌与交融：马克思主义交往理论视野下的民族互嵌式社区建设》，《江苏大学学报》（社会科学版）2018 年第 4 期；格日勒图、金炳镐：《党的十九大精神与新时代民族工作》，《云南民族大学学报》（哲学社会科学版）2018 年第 1 期。

清朝政府和中国的认同日益增强，西南边疆与内地的一体化程度日益加深。①
在抗战时期，合理民族政策的实施对增强国家认同、推动国家统一以及协调
各民族间的关系等方面发挥了积极意义。一般而言，在中华民族"自在"时
期的民族政策维护了中华民族的"多元一体"；在中华民族"觉醒"时期的民
族政策赋予中华民族共同体意识以民族国家内涵；而在中华民族处于"民
族—国家"建构时期的民族政策则是维护了中华民族团结友爱的大家庭。②

此外，还有学者讨论到移民问题，对于海外移民是否制定"移民法"，
以强化移民管理，防止外来移民聚众成族后对原有的中华民族共同体形成
冲击；如何看待移民海外的中华儿女树立中华民族共同体意识是否影响其
与所居住国之间的关系等，关于移民海外和海外移民问题的讨论并没有受
到学界广泛关注，却值得思考。③

（二）文化凝聚路径

增强文化认同是铸牢中华民族共同体意识的主要路径。首先，对中华
民族主流文化的形塑是铸牢中华民族共同体意识的关键。赵超、青觉④将中
华民族共同体象征的重建分为对物质形态象征（如博物馆、纪念馆、展览
馆、纪念碑、雕塑等）和非物质形态象征（纪念日、仪式）。通过重塑具有
象征意义的符号、仪式来展现共同的历史记忆和共同的身份标识，以此凝
聚人们的文化共同体意识。例如，通过祭祖文化来弘扬以"孝"为核心的伦
理体系，对民族祖先、先贤进行祭奠活动，唤醒各民族的共同历史记忆⑤；弘
扬齐鲁文化中的"大一统思想"和爱国主义精神⑥；体育文化、影视作品等

---

① 马亚辉：《从清代西南边疆的民族政策看中华民族共同体意识的铸建》，《广西民族研究》
2019 年第 3 期。
② 赵刚：《民族政策与中华民族共同体意识的建构》，《学术界》2017 年第 2 期。
③ 冯育林：《从中华民族到中华民族共同体的概念考察及其建设析论》，《西北民族大学学报》
（哲学社会科学版）2018 年第 3 期；李权、刘烨：《中华民族半年建构的多重维度与中华民
族命运共同体》，《内蒙古大学学报》（哲学社会科学版）2018 年第 1 期。
④ 赵超、青觉：《象征的再生产：形塑中华民族共同体意识的一个文化路径》，《中央社会主
义学院学报》2018 年第 6 期。
⑤ 姚宇：《基于祭祖文化的中华民族共同体意识培育路径研究》，《陕西行政学院学报》2018
年第 1 期。
⑥ 刘柳：《弘扬齐鲁优秀传统文化铸牢中华民族共同体意识》，《山东省社会主义学院学报》
2018 年第 2 期。

大众文化也为培养中华民族共同体意识提供强有力的文化支撑，同时又能彰显中国的国家形象，体现中国的文化意识形态。①

其次，充分发挥社会主义核心价值观对少数民族文化发展的引领作用是铸牢中华民族共同体意识的又一重要路径。例如，在少数民族文学艺术中注入社会主义核心价值观。在维护和发展本民族传统文化的基础上，挖掘本民族文化与中华民族文化的同一性，激发民族情感的共享与维系，同时又将新时代社会主义核心价值观深深扎根在少数民族文化传统中。② 在发展少数民族文化产业的过程中，也要注重合理开发少数民族文化中与社会主义核心价值观相吻合的部分，做到既有民族特色的亲近感，又有国家在场的确认感，以社会主义核心价值观引领民族地区的多元文化产业发展的方向。③

最后，是将中华民族共同体意识注入教育中的探讨。主要可以分为以下三点。第一，在思想政治理论的课堂中，创新教育理念和教育方法，积极引导学生真切了解中华民族共同体的内涵。④ 第二，构建良好的校园文化，通过潜移默化的方式影响大学生的精神世界，如通过打造校园网络平台，解读时事政治、普及民族文化知识、梳理党的民族政策等，培养大学生的中华民族共同体意识；以各种实践活动为载体宣传有利于培养中华民族共同体意识的内容，增进大学生的民族认同感等。⑤ 第三，在少数民族地

---

① 郭玉江：《足球运动对铸牢中华民族共同体意识的内在意义》，《体育学刊》2018 年第 5 期；徐进毅：《新时代主流电影的观照现实与价值意蕴》，《中国文艺评论》2018 年第 3 期。

② 黄晓娟：《当代少数民族女性文学的中华民族共同体意识——以获"骏马奖"的女作家作品为例》，《南开学报》（哲学社会科学版）2018 年第 6 期；田海林：《新时代民族文献的价值与利用刍议》，《内蒙古民族大学学报》（社会科学版）2018 年第 4 期；刘晓伟：《少数民族题材电视剧中的中华民族共同体叙事》，《现代传播》2018 年第 8 期；王明科：《中华民族共同体意识在新疆文学史上的根植》，《新疆师范大学学报》（哲学社会科学版）2018 年第 5 期。

③ 马英杰：《铸牢中华民族共同体意识：作为民族团结的少数民族文化发展》，《云南民族大学学报》（哲学社会科学版）2018 年第 5 期；张志巧、张建春：《布洛陀文化与壮族地区中华民族共同体意识的培育》，《广西师范学院学报》（哲学社会科学版）2018 年第 4 期。

④ 商爱玲：《筑牢大学生的中华民族共同体意识》，《西南政法大学学报》2018 年第 1 期；刘春呈：《新时代加强大学生中华民族共同体意识培育研究》，《文山学院学报》2018 年第 5 期；孟瑜：《铸牢大学生中华民族共同体意识研究》，《民族问题研究》2018 年第 3 期。

⑤ 商爱玲：《筑牢大学生的中华民族共同体意识》，《西南政法大学学报》2018 年第 1 期；靳淑梅、朴婷姬：《民族高校中华民族共同体意识教育的实践目标与途径——以延边大学为例》，《大连民族大学学报》2018 年第 6 期。

区，推进对本民族语言和国家通用语言的双语教育，既是对少数民族语言文字的保护，又能推动民族交往交流、增进少数民族对中华民族语言认同，从而转换为对中华民族共同体的认同。①

（三）经济共享路径

解决不平衡不充分的发展是铸牢中华民族共同体意识的物质基础。对此的讨论基本分为两点。第一，缩小民族地区与发达地区的差距。首先，利用精准扶贫、对口支援、"一带一路"等，把改善民生作为工作的重点，加强基础设施建设，切实保障贫困地区群众的基本生活需求，重点攻克深度贫困地区，激发贫困群众参与脱贫工作的积极性，健全脱贫工作的长效机制。② 其次，将新发展理念运用到民族经济发展的政策上，充分发挥民族地区的资源、文化、生态优势，调动自我发展的积极性，提高民族地区在市场经济中的竞争力，不断增进经济利益共识，改变对民族地区优惠政策的偏见，让人们认识到各地区互为"外源性动力"，从经济发展成果共享来夯实民族地区的中华民族共同体意识。③ 第二，加强民族地区的生态文明建设。民族地区生态环境脆弱是当前尤为突出的问题，实现经济效益与生态文明建设协调发展是当前民族地区经济建设的重点，运用法治思维推进生态文明建设是当前学术界提出关于保护民族地区生态环境的有效手段。④

---

① 李秀华：《语言·文化·民族：民族语言认同与民族共同体的建构》，《西北民族大学学报》（哲学社会科学版）2018 年第 2 期。

② 凌经球、赵静：《开创新时代民族工作新局面的思想指南与行动纲领》，《广西民族研究》2018 年第 2 期；杜君、韩波：《继承与发展：新时代民族团结思想创新观点论析》，《西北民族大学学报》（哲学社会科学版）2018 年第 3 期。

③ 赵红伟：《论马克思主义视域下中华民族共同体意识的培养》，《民族问题研究》2018 年第 1 期；胡陈芳、粟迎春：《试论中华民族共同体的构建》，《实事求是》2018 年第 2 期；包国祥、白佳琦：《新时代中华民族共同体意识培育研究》，《内蒙古民族大学学报》（社会科学版）2018 年第 6 期；陈玉斌、王露、刘友田：《中华民族共同体意识的生成逻辑、时代价值及培育路径》，《广西社会主义学院学报》2018 年第 5 期。

④ 陈树文、蒋永发：《新时代中华民族共同体意识构筑路径探析》，《广西社会主义学院学报》2018 年第 1 期；宋才发：《运用法治思维推进民族区域自治的实践进程——纪念中国改革开放 40 周年》，《信阳师范学院学报》（哲学社会科学版）2018 年第 3 期；左珉：《铸牢中华民族共同体意识的实践与思考——以宁夏回族自治区为例》，《河北省社会主义学院学报》2018 年第 4 期。

（四）域外典型经验

针对如何铸牢中华民族共同体意识的问题，诸多学者从正反两个角度，对国外一些国家的典型做法进行了反思。立足当前，随着民粹主义的泛滥，国家分裂成为现代民族国家必须正视的关键性问题。因此，多民族国家建构国家共同体的失败经验也成为我国铸牢中华民族共同体意识的警示。西班牙在维护国家统一的问题上缺乏培养"国族"共同体意识的认识，助长了加泰罗尼亚自治区以"国家民族"的名义宣布"独立"，显示出多民族国家铸牢国家共同体意识的重要性。① 同时，一些国家的成功做法也为我们提供了借鉴。苏联解体后，俄罗斯宣布独立，经历了国家剧变的俄罗斯在意识形态领域犹如一盘散沙，国家长期缺乏团结统一的精神力量，当代俄罗斯政治精英开始采取一系列帮助俄罗斯民众找回国家认同的举措，并取得了显著成绩。例如，强调俄罗斯全体人民作为一个民族具有共同的历史；通过祭奠民族英雄进行爱国主义教育；以国家主流文化——东正教来凝聚人们的传统价值观；暂搁具有争议的历史事件，倡导民族团结。同为多民族国家，俄罗斯的经验对我国铸牢中华民族共同体意识具有借鉴意义。② 与中国同为东亚文化圈的韩国，也在铸牢中华民族共同体意识上为我们提供了成功的经验，韩国特别重视爱国主义教育中的历史体会教育，通过博物馆、纪念馆、纪念碑等缅怀爱国人物，纪念爱国事件唤醒国民的爱国情感。我国在铸牢中华民族共同体意识的过程中，也可以借鉴韩国经验，以弘扬"红色文化"进行爱国主义教育来培养各民族的国家自豪感。③

四 中华民族共同体意识研究的评述与展望

综上，学术界对中华民族共同体意识进行了较为全面的剖析，为后续研究提供了必不可少的理论参照。特别是自 2019 年以来，伴随铸牢中华民

---

① 叶江：《浅析 2017 年加泰罗尼亚"独立"事件之警示——多民族国家的"国家民族"共同体意识建构视角》，《学术界（月刊）》2018 年第 1 期。

② 徐海燕：《俄罗斯凝聚民族共同体意识：举措及启示》，《学术界》2018 年第 1 期。

③ 吕秀一、朴婷姬：《历史教育教学中大学生中华民族精神培育初探——以韩国爱国主义教育为鉴》，《大连大学学报》2018 年第 4 期。

族共同体意识诸多学术期刊如《西南民族大学学报》（人文社会科学版）、《广西民族研究》、《民族教育研究》，分别以专题栏目的形式，刊发了一系列高水平的学术文章。从学术成果呈现的特点来看，一方面日益突出中华民族共同体意识构筑中的党和国家作用，张淑娟、陈宪章等学者认为抗战时期中国共产党对中华民族共同体意识的纵向传布，逐步成为文化自觉的起点①；而刘永刚则从国家治理现代化入手，认为铸牢中华民族共同体意识，加强了各民族交往交流交融以塑造国民整体性规范，并支撑着国家治理现代化。② 另一方面研究的重点更加专注于对中华民族共同体的意识研究上，例如姜永志等学者将研究重点置于中华民族共同体意识的心理层面，构建民族心态秩序③。但统览全局，中华民族共同体意识研究在研究深度、研究重心、研究视角以及研究方法方面有待进一步完善，这将有利于未来中华民族共同体意识研究的创新发展。

（一）延伸研究深度

中华民族共同体意识的已有研究中描述性成分远超过学理性探讨，缺乏整合的思考和深度的理论分析。中华民族共同体作为古老的研究议题到如今早已过了大范围做精确描述的研究阶段。在新时代，更需要在中华民族共同体意识形成的曲折历程之中寻找其发展的一般规律；中华民族共同体意识的培育对策尚存在单一乏味、缺乏周密思考、脱离实际的情况；中华民族共同体意识研究中相关概念运用上存在嫁接概念、无意识运用甚至滥用、误用的情况，稀释和妨碍了概念的解释力。如对"中华民族"这一概念的理解上就存在"狭隘论""泛化论""虚化论""抛舍论"等诸多误读。

---

① 张淑娟：《抗战时期中国共产党对中华民族共同体意识的纵向传布及其当代启示》，《新疆大学学报》（哲学·人文社会科学版）2019 年第 6 期；张淑娟、陈宪章：《论中国共产党中华民族共同体意识的确立与文化自觉》，《广西民族研究》2019 年第 4 期。

② 刘永刚：《铸牢中华民族共同体意识与国家治理现代化的互构逻辑》，《西南民族大学学报》（人文社会科学版）2019 年第 10 期。

③ 姜永志、侯友、白红梅：《中华民族共同体意识培育困境及心理学研究进路》，《广西民族研究》2019 年第 3 期；龙金菊、高鹏怀：《民族心态秩序构建：铸牢中华民族共同体意识的社会心理路径》，《西南民族大学学报》（人文社会科学版）2019 年第 12 期。

（二）转移研究重心

在历史视域中依据纵向时间轴做事实的梳理和论证是中华民族共同体意识研究中起步最早、研究成果最为丰富的部分，但目前仍旧存在大量简单重复劳动的情况，而在需要着重发力的前沿问题上的研究略显不足。如当下中华民族共同体意识的现代性研究颇为关键，着重挖掘中华民族共同体意识的现代化品格，在历史逻辑之中体现其发展的延展性和历史趋向更具有当代价值；当下既有成果的整体性研究多于区域性专项研究，特别是对我国边疆民族地区（例如西藏、新疆等地区）的现实关切严重不足，诸多研究并未涉及此内容，需要进一步细化。

（三）扩展研究视角

对中华民族共同体意识的研究目前主要限于民族学、人类学、历史学等学科，跨学科研究不足。想要进行立体结构的体系化建构，需要从与其相关的哲学、政治学、经济学、社会学、民族心理学等多学科入手，通过联合研究进行解构性思考和分析。如在"共同体意识"研究中，马克思主义、民族主义、政治文化、传统文化等多重理论视野同时出现，而在"中华民族共同体意识"方面理论阙如，尚未有能够支撑这一概念的理论工具。此外亦需平衡主位研究与客位研究的视角策略，在不同研究视野中跳出传统研究定式，弥补系统化发展中的薄弱环节，推动理论创新。

（四）突破传统研究方法

马克思说：一门科学，只有当它成功地运用数学时，才能达到真正完善的地步。受制于学科研究习惯，中华民族共同体意识的已有研究中质的分析和量的统计均有所运用但结合较差，统计量化的方法运用较少且分析层次较浅。中华民族共同体意识的测量属于思想意识范畴，思想的内隐性决定了测量的难度。目前缺乏科学有效、规范统一的"中华民族共同体意识"测量专业量表，已有研究中自编量表的题项编制的合理性有待验证，且大部分没有报告所使用量表的信度和效度，难以保证结果的客观准确。已有实证研究中仅就问卷题项做简单量的统计，缺少投射法、因素分析、方差分析、聚类分析等更为深层次的研究分析方法。

在马克思主义哲学方法论和专门方法论的指导下扩展使用不同学科的研究方法体系，诸如民族心理研究方法体系、社会调查研究方法体系等，有利于实现实证与理解的统一、事实判断与价值判断的统一、定性与定量的统一。

《民族理论研究》稿约

《民族理论研究》由社会科学文献出版社出版，每年定期出版 2 辑。《民族理论研究》目前设置有马克思主义民族理论与中国化研究、中华民族共同体研究、民族工作研究、世界民族研究、学术史与研究动态等栏目。来稿要求如下。

（1）论文必须为首次发表。

（2）论文一般篇幅在一万字左右，需附中文摘要、关键词，摘要两百字左右。

（3）论文所涉及的课题如为各级基金项目，应在其首页地脚以"基金项目：……"作为标志注明基金项目名称，并在圆括号内注明其项目编号。

（4）论文中出现的外文专门名词（人名、地名、作品名称等），除了常见的以外，一律附外文原文，用圆括号标明。

（5）论文所引资料的注释必须规范，准确标明作者、著作（论文）名称、出版社或出版物的名称、出版或发表的时间、页码等。注释一律采用页下注"①……"。

（6）中文资料或中译本的注释一律使用汉语，例如：

札奇斯钦：《我所知道的德王和当时的内蒙古》，中国文史出版社，2005，第 95 页。

李靖主编《额济纳旗历史档案资料》第 1 册，内蒙古文化出版社，2014，第 163 页。

耿曙、陈玮：《"发展型国家"模式与中国发展经验》，《华东师范大学学报》（哲学社会科学版）2017 年第 1 期。

姚大力：《西方中国研究的"边疆范式"：一篇书目式述评》，《文汇报》2007 年 5 月 7 日第 6 版。

《五年来对敌斗争的概略总结》（1943年1月26日），《邓小平文选》第1卷，人民出版社，1994，第41页。

毛泽东：《论联合政府》，中国共产党历次全国代表大会数据库，ht-tp://cpc. people. com. cn/GB/64162/64168/64559/4526988. html，最后访问日期：2018年6月1日。

（7）外文材料的注释一律用外文原文，不必翻译成中文。书名与刊物名一律用斜体标出，文章名加引号，但不用斜体，例如：

Pierre Harmignie，"Note sur le principe des nationalités"，Revue néo-scolastique de philosophie，28e année，Deuxième série，1926，pp. 23 – 36.

（8）来稿请注明作者姓名、工作单位、职称、研究方向、联系方式、电子邮件地址。

《民族理论研究》对所有来稿实行三审制，由执行编辑初审，同行专家复审，主编终审。来稿请自留底稿，三个月内未收到录用通知者可自行处理。

来稿请电邮至 jinghongzhou@ sina. com。

《民族理论研究》编辑部

图书在版编目（CIP）数据

民族理论研究. 第四辑 / 刘泓，陈建樾，龚永辉主
编. -- 北京：社会科学文献出版社，2020.6
ISBN 978 - 7 - 5201 - 6746 - 8

Ⅰ.①民… Ⅱ.①刘… ②陈… ③龚… Ⅲ.①民族学
– 研究 – 中国②民族政策 – 研究 – 中国 Ⅳ.①C955.2
②D633.0

中国版本图书馆 CIP 数据核字（2020）第 092925 号

民族理论研究（第四辑）

主　　编／刘　泓　陈建樾　龚永辉

出 版 人／谢寿光
组稿编辑／宋月华　周志静
责任编辑／周志静
文稿编辑／高　鑫

出　　版／社会科学文献出版社·人文分社（010）59367215
　　　　　地址：北京市北三环中路甲 29 号院华龙大厦　邮编：100029
　　　　　网址：www. ssap. com. cn
发　　行／市场营销中心（010）59367081　59367083
印　　装／三河市龙林印务有限公司

规　　格／开　本：787mm × 1092mm　1/16
　　　　　印　张：9.75　字　数：153 千字
版　　次／2020 年 6 月第 1 版　2020 年 6 月第 1 次印刷
书　　号／ISBN 978 - 7 - 5201 - 6746 - 8
定　　价／128.00 元

本书如有印装质量问题，请与读者服务中心（010 - 59367028）联系